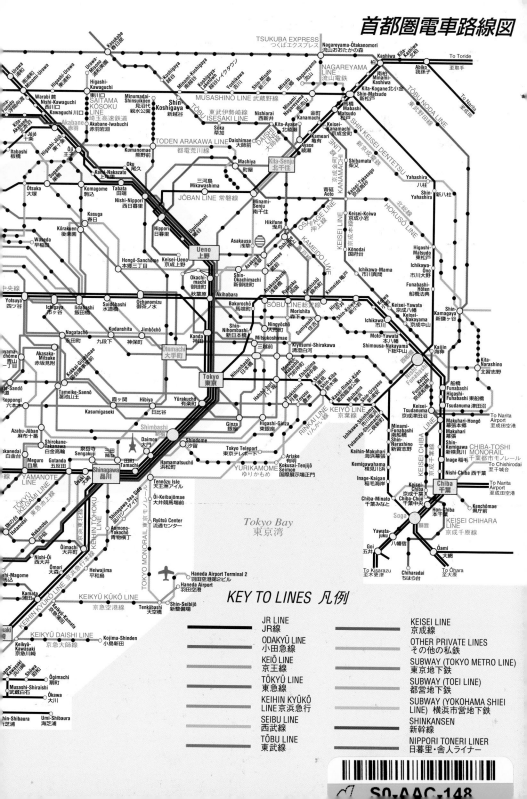

首都圏電車路線図

KEY TO LINES 凡例

JR LINE / JR線	KEISEI LINE / 京成線
ODAKYŪ LINE / 小田急線	OTHER PRIVATE LINES / その他の私鉄
KEIŌ LINE / 京王線	SUBWAY (TOKYO METRO LINE) / 東京地下鉄
TŌKYŪ LINE / 東急線	SUBWAY (TOEI LINE) / 都営地下鉄
KEIHIN KYŪKŌ LINE 京浜急行	SUBWAY (YOKOHAMA SHIEI LINE) 横浜市営地下鉄
SEIBU LINE / 西武線	SHINKANSEN / 新幹線
TŌBU LINE / 東武線	NIPPORI TONERI LINER / 日暮里・舎人ライナー

TOKYO SUBWAY SYSTEM

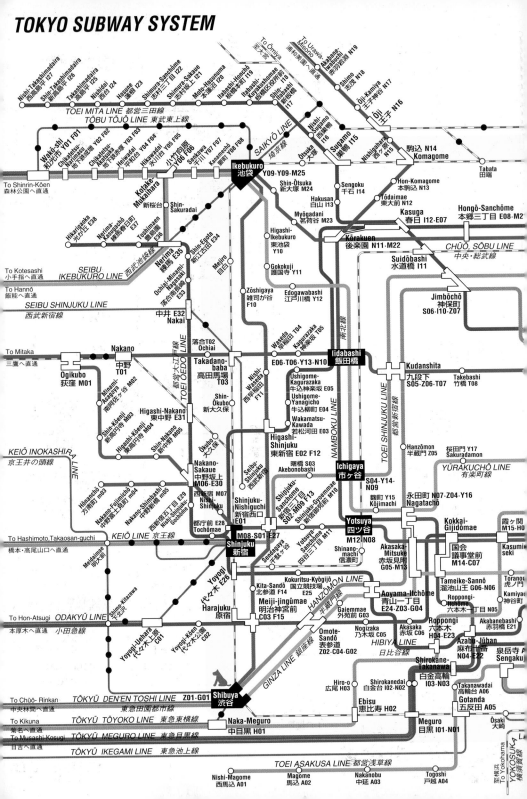

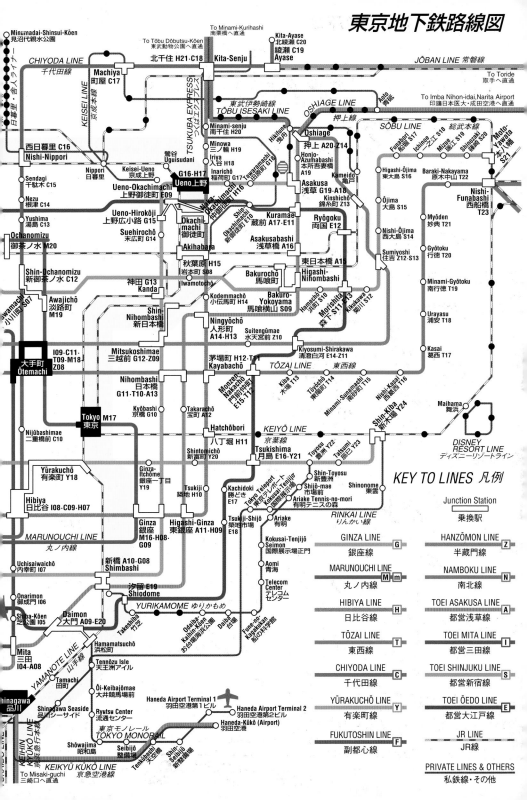

LEGEND　凡　例

ー◀‣ー◀‣ー	Prefectural Boundary　都県界	˙	Tourist Spot or Place of Historic Interest　名所旧跡
ー・ー・ー・ー	City (-*shi*) Boundary　市町界 Ward (-*ku*) Boundary　区界	卅	Shintō Shrine (Shr.) (-*jinja*)　神社
ー‥ー‥ー‥	Town (-*machi* / -*chō*) Boundary　町界	卍	Buddhist Temple (-*ji*,-*in*)　寺院
- - - - - -	*Chōme* Boundary　丁目界	♰	Church, Cathedral　教会
(1) (2) (3)	*Chōme* Number　丁目番号	◎	Ward Office, City Office　区役所、市役所
1 2 3	Block Number (*banchi*)　番地番号	○	Branch Ward Office　区役所出張所
━━■━━	J.R. Line　JR線	⊠⊗	Police Station (Pol. Sta.)　警察署
━━■━━	Other Railways　その他の鉄道	⊡⊙	Fire Station (Fire Sta.)　消防署
1⎓2	Subway　地下鉄 （Entrance/Exit Number　出入口番号）	⊟⊤	Post Office (P.O.)　郵便局
		☏	Telephone Office　NTT（支所、営業所）
	Expressway　高速道路 （Exit/Entrance　出入口）	8	Bank　金融機関
	Underground Passage/Arcade　地下街	⊕	Hospital (Hosp.)　病院
	Park　公園　Garden　庭園 Cemetery　霊園	⊠⊗✕	School (Sch.)　学校 (Elem., Elementary; Jr. H., Junior High; H., High)
		⊠	Factory　工場
♂	Government Office　官公庁 Embassy　外国公館	✧	Power Plant　発電所
		⊞	Hotel, Inn　ホテル、旅館
		©	Cinema　映画館

Published by Kodansha USA, Inc.
451 Park Avenue South, New York, NY 10016

Distributed in the United Kingdom and continental Europe by Kodansha Europe Ltd.

Copyright © 2004, 2012 Kodansha USA, Inc.
All rights reserved. Printed in South Korea.
ISBN: 978-1-56836-445-2

First edition published in Japan in 1998 by Kodansha International
Revised edition 2001, 3rd edition 2004 by Kodansha International
First US edition 2012 by Kodansha USA

20 19 18 17 16 15 14 13 12　7 6 5 4 3 2 1

www.kodanshausa.com

CONTENTS 目次

Metropolitan Tokyo Rail System　首都圏電車路線図　　inside front cover
Tokyo Subway System　東京地下鉄路線図　　inside front cover
Legend　凡例　　2
Key to Map Plates: Tokyo 23 Wards (-*ku*)　索引図　東京23区　　4
Key to Map Plates: Central Tokyo　索引図　東京都心部　　6

Central Tokyo　東京都心部

Tokyo, Marunouchi, Nihombashi　　8
　東京、丸の内、日本橋

Ginza, Yūrakuchō　銀座、有楽町　　10

Hamamatsuchō　浜松町　　12

Roppongi, Azabu　六本木、麻布　　14

Akasaka, Nagatachō, Kasumigaseki　　16
　赤坂、永田町、霞が関

Yotsuya, Ichigaya, Iidabashi　　18
　四谷、市谷、飯田橋

Kanda, Akihabara　神田、秋葉原　　20

Ueno　上野　　22

Asakusa　浅草　　23

Ikebukuro　池袋　　24

Shinjuku　新宿　　26

Harajuku, Aoyama　原宿、青山　　28

Shibuya　渋谷　　30

Hiro-o, Nishi-Azabu　広尾、西麻布　　32

Shinagawa, Gotanda　品川、五反田　　34

Ebisu, Meguro　恵比寿、目黒　　36

Tennōzu　天王洲　　37

Kinshichō　錦糸町　　37

Tokyo 23 Wards (-*ku*) 東京23区　38

Other Areas　その他の地域

Keihin　京浜　　80

Kawasaki　川崎　　70, 76, 81

Yokohama　横浜　　81

Minato Mirai 21　みなとみらい21　　82

Yokota　横田　　84

Zama　座間　　84

Yokosuka　横須賀　　84

Index　索引　　85

Supplemental Indexes　補遺
Hotels and Inns　ホテル・旅館　　119
Embassies　外国公館　　122
Airlines　航空会社　　124

KEY TO MAP PLATES

TOKYO 23 WARDS (-ku)

Adachi-ku 足立区	42・44・50	
Arakawa-ku 荒川区	50	
Bunkyō-ku 文京区	49・50・57・58	
Chiyoda-ku 千代田区	57・58	
Chūō-ku 中央区	58・66	
Edogawa-ku 江戸川区	53・60・68	
Itabashi-ku 板橋区	39・40・48	
Katsushika-ku 葛飾区	44・51・52・60	
Kita-ku 北区	41・49・50	
Kōtō-ku 江東区	59・60・66・68・74	
Meguro-ku 目黒区	64・72	
Minato-ku 港区	57・65・66	
Nakano-ku 中野区	47・48・55・56	
Nerima-ku 練馬区	38・46・48	
Ōta-ku 大田区	72・74・77・78	
Setagaya-ku 世田谷区	54・62・64・71・72	
Shibuya-ku 渋谷区	56・64	
Shinagawa-ku 品川区	65・66・73・74	
Shinjuku-ku 新宿区	48・56	
Suginami-ku 杉並区	46・54・56	
Sumida-ku 墨田区	51・59	
Taitō-ku 台東区	50・58	
Toshima-ku 豊島区	48・50	

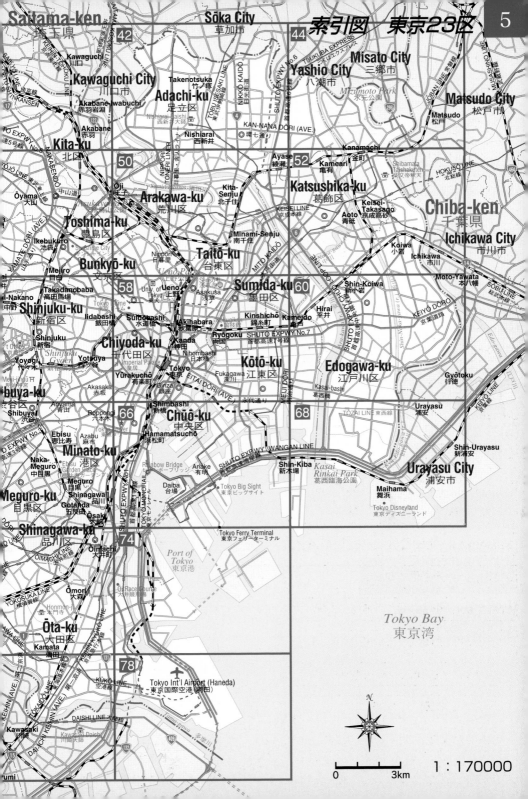

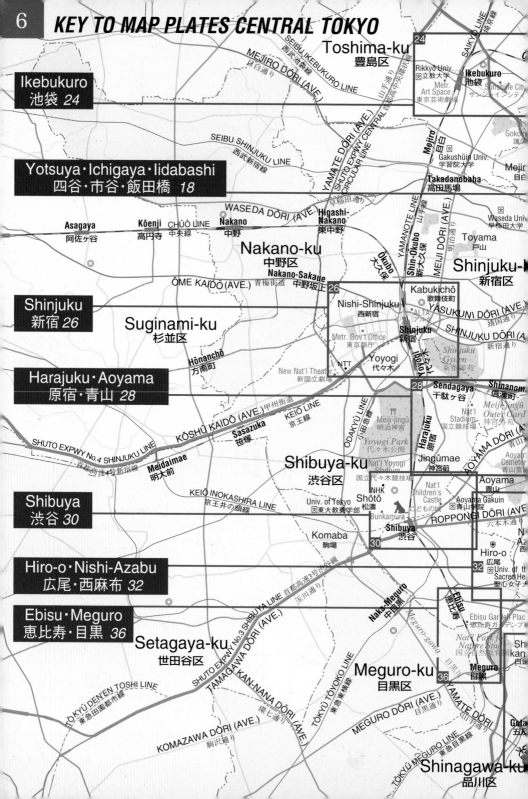

Ikebukuro
池袋 *24*

Yotsuya・Ichigaya・Iidabashi
四谷・市谷・飯田橋 *18*

Shinjuku
新宿 *26*

Harajuku・Aoyama
原宿・青山 *28*

Shibuya
渋谷 *30*

Hiro-o・Nishi-Azabu
広尾・西麻布 *32*

Ebisu・Meguro
恵比寿・目黒 *36*

Toshima-ku
豊島区

24

Rikkyo Univ.
立教大学
Metr.
Art Space
東京芸術劇場

Ikebukuro
池袋

Sunshine City
サンシャインシティ

SEIBU IKEBUKURO LINE
西武池袋線

MEJIRO DŌRI (AVE.)
目白通り

Gokoku
護国

SEIBU SHINJUKU LINE
西武新宿線

Mejiro
目白

Gakushūin Univ.
学習院大学

Mejir
目

YAMATE DŌRI (AVE.)
SHUTO EXPWY CENTRAL
CIRCULAR LINE

Takadanobaba
高田馬場

WASEDA DŌRI (AVE.)
早稲田通り

Waseda Univ.
早稲田大学

Asagaya
阿佐ヶ谷

Kōenji
高円寺

CHŪŌ LINE
中央線

Nakano
中野

Higashi-
Nakano
東中野

Toyama
戸山

MEIJI DŌRI (AVE.)
明治通り

YAMANOTE LINE

Shin-Okubo
新大久保

Shinjuku-
新宿区

ŌME KAIDŌ (AVE.) 青梅街道

Nakano-ku
中野区

Nakano-Sakaue
中野坂上

Okubo
大久保

Kabukichō
歌舞伎町

26

Suginami-ku
杉並区

Nishi-Shinjuku
西新宿

Shinjuku
新宿

ALTA
アルタ

YASUKUNI DŌRI (AVE.)
靖国通り

SHINJUKU DŌRI (A
新宿通り

Hōnanchō
方南町

Metr. Gov't Office
東京都庁

NTT

Yoyogi
代々木

Shinjuku
Gyoen
新宿御苑

New Nat'l Theater
新国立劇場

28

Sendagaya
千駄ヶ谷

Shinanom

KŌSHŪ KAIDŌ (AVE.) 甲州街道

KEIŌ LINE
京王線

ODAKYŪ LINE
小田急線

Meiji-jingū
明治神宮

Meiji-jingū
Outer Gard
明治神宮外苑

Nat'l
Stadium
国立競技場

Aoyan
Cemetery
青山霊園

SHUTO EXPWY No.4 SHINJUKU LINE
首都高速4号新宿線

Sasazuka
笹塚

Meidaimae
明大前

Yoyogi Park
代々木公園

Harajuku
原宿

Jingūmae
神宮前

AOYAMA DŌRI (AVE.)

KEIŌ INOKASHIRA LINE
京王井の頭線

Shibuya-ku
渋谷区

Nat'l Yoyogi
Stadium
国立代々木競技場

Aoyama
青山

Komaba
駒場

Univ. of Tokyo
東大教養学部

NHK

Shōtō
松濤

Bunkamura

Shibuya
渋谷

Nat'l
Children's
Castle
こどもの城

Aoyama Gakuin
青山学院

ROPPONGI DŌRI (AVE

六本木通り

N
A

30

Hiro-o
広尾

32

Univ. of
Sacred He
聖心女子

TŌKYŪ DEN'EN TOSHI LINE
東急田園都市線

SHUTO EXPWY No.3 SHIBUYA LINE 首都高速3号渋谷線

玉川通り

Naka-Meguro
中目黒

Ebisu
恵比寿

Ebisu Garden Plac
恵比寿ガーデンプ

Nat'l Park f
Nature Stud
国立自然教育園

Sh
kan

TAMAGAWA DŌRI (AVE.)

Setagaya-ku
世田谷区

Meguro-gawa
目黒川

Meguro
目黒

36

Guta
五反

KAN-NANA DŌRI (AVE.)
環七通り

TŌKYŪ TŌYOKO LINE
東急東横線

Meguro-ku
目黒区

YAMATE DŌRI
(AVE.)
山手通り

KOMAZAWA DŌRI (AVE.)
駒沢通り

MEGURO DŌRI (AVE.)
目黒通り

TŌKYŪ MEGURO LINE
東急目黒線

Shinagawa-ku
品川区

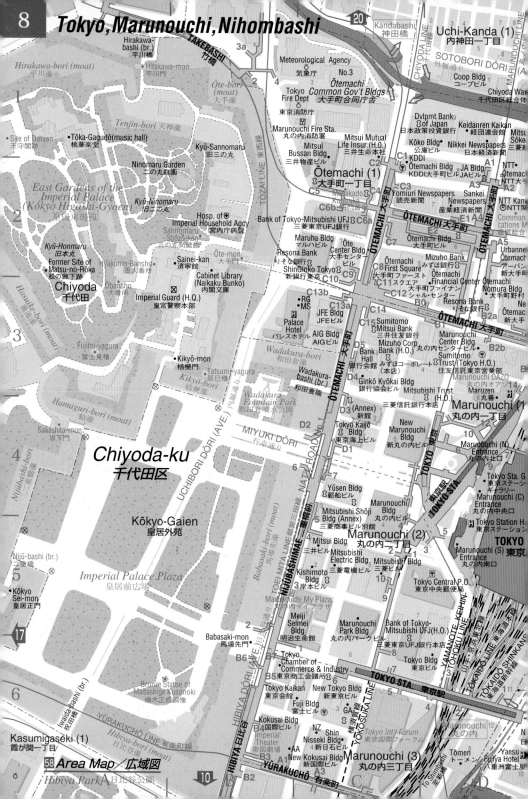

i-da (2)
Uchi-
Kanda (3)
内神田
三丁目

Kajichō (1)
鍛冶町一丁目

Nihombashi-
Honchō (4)
日本橋本町四丁目

Nihombashi-Ōdenmachō
日本橋大伝馬町

To Ueno 上野

GINZA LINE

SŌBU LINE 総武本線

NAT'L ROAD No.6 国道六号

Hotel Kazusaya
ホテルかずさや

Takarada Ebisu-jinja
宝田恵比寿神社

Hotel
Gimmond Tokyo
ホテルギンモンド東京

Nihombashi-
Muromachi (4)
日本橋室町四丁目

SHIN-NIHOMBASHI STA.
新日本橋駅

Tokyo
Commodity
Exchange
東京工業品取引所

Hotel Villa
ホテルヴィラ

Nihombashi-
Hongokuchō (4)
日本橋本石町四丁目

Mizuho Bank
みずほ銀行

Nihombashi-
Honchō (3)
日本橋本町三丁目

Itōpia
Nihombashi Bldg
イトーピア日本橋ビル

Nihombashi-
Horidomechō (1)
日本橋堀留町一丁目

Thomas Cook
トーマスクック

Tokiwa
Elem. Sch.
常盤小

JP Bldg
JPビル

Nihombashi Public
Health Center
日本橋保健センター

Nihombashi-
Muromachi (3)
日本橋室町三丁目

Nihombashi-
Honchō (2)
日本橋本町二丁目

Nihombashi-
Hongokuchō (3)
日本橋本石町三丁目

Mitsui Bldg Annex
三井別館

Bank of Tokyo-Mitsubishi UFJ
三菱東京UFJ銀行本館

Kobunachō P.O.
小舟町P.O.

Nihombashi-
Kobunachō
日本橋小舟町

Horidome
Children's
Park
堀留児童公園

Shin Tokiwa-
bashi (br.)
新常盤橋

Bank of
Japan (H.O.)
(Nippon Ginkō)
日本銀行本店

Nihombashi
Mitsui Tower
日本橋三井タワー

二丁目

Nihombashi-
Muromachi (2)
日本橋室町二丁目

Honchō
本町

Nihombashi-
Ningyōchō (3)
日本橋人形町三丁目

Toray Bldg
東レビル

Chūō-ku
中央区

Nihombashi-
Hongokuchō (2)
日本橋本石町二丁目

Mitsui
Main Bldg
三井本館

Mitsui Trust
中央三井信託

Chiba Bank
千葉銀行

Nihombashi-
Honchō (1)
日本橋本町一丁目

Mizuho Bank
みずほ銀行

Bank of Tokyo-Mitsubishi UFJ
三菱東京UFJ銀行

Sumitomo Mitsui Bank
三井住友銀行

Mitsukoshi
Dept Store
三越本店

Kobunacho
Kinen Kaikan
小舟町記念会館

Tōyōbō Bldg
東洋紡ビル

Ōtemachi (2)
大手町二丁目

Nippon Bldg
日本ビル

Tokiwa-
bashi (br.)
常盤橋

Nihombashi-
Hongokuchō (1)
日本橋本石町一丁目

Annex
新館

Nihombashi-
Muromachi (1)
日本橋室町一丁目

Suruga
Bank
スルガ銀行

Edobashi
江戸橋

Nihombashi-
Koamichō
日本橋小網町

Asahi Tōkai Bldg
朝日東海ビル

Nippon Steel
Corp (H.O.)
新日本製鐵

Currency Musm
貨幣博物館

Daiwa Securities
大和証券

Ni-hom-bashi (br.)

Edo-bashi (br.)
江戸橋

Nomura Securities
野村証券(H.O.)

Mitsubishi
Warehouse
三菱倉庫

Edobashi JCT
江戸橋ジャンクション

Nihombashi Entrance
日本橋

Sapia Tower
サピアタワー

Marunouchi
Trust Tower
No.1
丸の内トラストタワー

Nihombashi-
dōri Ichi P.O.
日本橋通一局

Nihombashi (1)
日本橋一丁目

Nishikawa Resona
Bank×
西川

Nihombashi
P.O.
日本橋局

Tokyo
Stock
Exchange
東京証券
取引所

Tekkō Bldg
鉄鋼ビル

Yanagiya Bldg
柳屋ビル

Coredo Nihonbashi
コレド日本橋

りそな銀行

Kite
Musm
凧の博物館

Nikkō Cordial Securities
日興コーディアル証券

Trust Tower(Main Build.)
トラストタワー本館

Yaesu (1)
八重洲一丁目

Nippon Koa Insur.
日本興亜損保

JTB

Nihombashi-
Kabutochō
日本橋兜町

No.2

Nihombashi Plaza
日本橋プラザ

Nihombashi Ni P.O.
日本橋二局

Yamatane
Bldg
山種ビル

Nihombashi-
Kayabachō (1)
日本橋茅場町
一丁目

Tokyo North Tower
トウキョウノースタワー

Maruzen
丸善

Nihombashi (2)
日本橋二丁目

Daimaru
大丸

Yaesuguchi Kaikan
八重洲口会館

Mitsubishi UFJ Trust
三菱UFJ信託

Chūō Pol. Sta.
中央署

Tokyo
Shōken Kaikan
東京証券会館

Mizuho Bank
みずほ銀行

Takashimaya
Dept Store
高島屋

Taiyō Mutual
Life Insurance
太陽生命

Nihombashi
Fire Sta.
日本橋消防署

Dai-Ni
Shōken Kaikan
第二証券会館

Tanaka
Kikinzoku
田中貴金属

Tokyo Tatemono Bldg
東京建物ビル

Nihombashi-
dōri P.O.
日本橋通局

Takeda
Chemical
武田薬品

Sakamoto
Elem. Sch.
阪本小

Nihombashi (3)
日本橋三丁目

Nihombashi-
Kayabachō (2)
日本橋茅場町二丁目

Yanmar Bldg
ヤンマービル

Yaesu Bldg
八重洲ビル

Higashi
Nippon Bank
東日本銀行

Center Hotel Tokyo
センターホテル東京

Hotel Universe
ホテルユニバース

Yaesu (2)
八重洲二丁目

Yaesu Dai Bldg
八重洲ダイビル

Jōtō
Elem. Sch.
城東小

Resona Bank
りそな銀行

Higashi
Nippon Bank
東日本銀行

Mizuho Bank
みずほ銀行

Kayabachō
P.O.
茅場町局

Nihombashi-
Kayabachō (3)
日本橋茅場町三丁目

Bridgestone
Musm of Art
ブリヂストン美術館

JTB

Kyōbashi (1)
京橋一丁目

Bank of
Tokyo-Mitsubishi UFJ
三菱東京UFJ銀行

Takarachō
宝町

Book Center
ブックセンター

Kyōbashi
Chiyoda Bldg
京橋千代田ビル

Meidi-ya
明治屋

Mitsui Bldg
三井ビル

Kyōbashi (2)
京橋二丁目

Ajinomoto
(H.O.)
味の素

Hatchōbori (1)
八丁堀一丁目

Matsuda
Yaesu Bldg
マツダ八重洲ビル

Holiday Inn Tokyo
ホリデイ・イン

Kyōbashi
京橋

Hatchōbori (2)
八丁堀二丁目

Shinkawa
新川二丁目

1 : 8000

0   300m

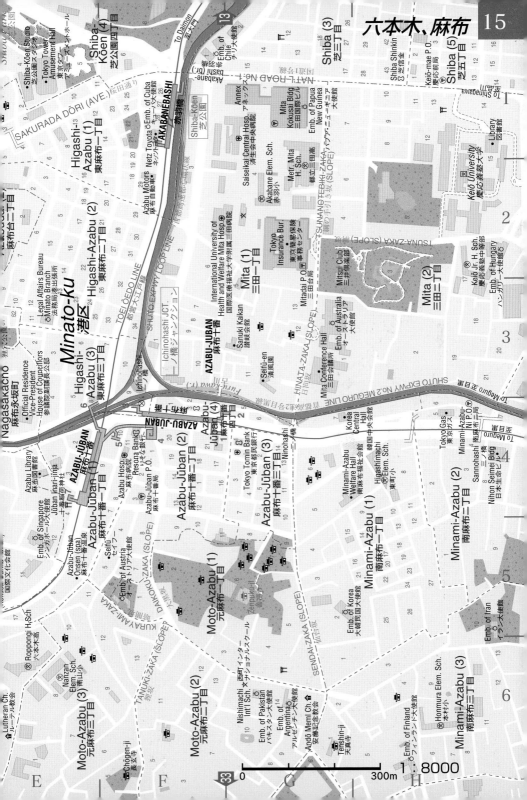

Hirakawachō (2)
平河町二丁目

Shimizudani Park
清水谷公園

Nihon Toshi Center Kaikan
日本都市センター会館

Hotel New Ōtani
ホテルニューオータニ

Chiyoda
Hōsō Kaikan
千代田放送会館

Toshi Center Hotel
都市センターホテル

Kioichō
紀尾井町

Zenkyōren Bldg
全共連ビル

Kōjimachi
Jr. H. Sch.
麹町中

Emb. of S. Africa
南アフリカ大使館

Sunroser Akasaka
サンローゼ赤坂

Japan Jr. Chamber Inc.
日本青年会議所

Tower
タワー

AN
Garden Court
ガーデンコート

Grand Prince H. Akasaka
グランドプリンスホテル赤坂

Sabō Kaikan
砂防会館

Moto-Akasaka (2)
元赤坂二丁目

Todōfuken
Kaikan
都道府県会館

Benkei-bari (moat)
弁慶濠

Benkei-bashi (br.)
弁慶橋

Emb. of Benin
ベナン大使館

NAGATACHŌ 永田町

Liberal Democratic
Party (H.Q.)
自由民主党本部

SA

NAGATACHŌ 永田町

Maeda Hosp.
前田病院

Official Residence
Speaker, House of
Representatives
衆議院議長公邸

Official Residence
President, House of
Councillors 参議院議長公邸

Emb. of Lebanon & Jordan
レバノン、ヨルダン大使館

Moto-Akasaka (1)
元赤坂一丁目

Suntory
サントリー

AIU

Excel H. Tōkyū
赤坂エクセルホテル東急

Emb. of Mexico
メキシコ大使館

Kajima (H.O.)
鹿島本社

Belle Vie Akasaka
ベルビー赤坂

CS, PR

Sannō Grand Bldg
山王グランドビル

Nagatachō (2)
永田町二丁目

Akasaka Center Bldg
赤坂センタービル

Mizuho Bank
みずほ銀行

Hibiya H. Sch.
日比谷高校

Mansion of
Prince Chichibu
秩父宮邸

Toyokawa Inari
豊川稲荷

Hitotsugi-
dōri P.O.
一ツ木通局

AC

Prudential Tower
プルデンシャルタワー

Palais Royal
パレロワイヤル

JIS
日本規格協会

Akasaka-
Fudōson
赤坂不動尊

Akasaka (3)
赤坂三丁目

Sumitomo
Seimei Bldg
住友生命ビル

Sannō Bldg
国際山王ビル

Toraya
虎屋

Akasaka Police Sta.
赤坂署

Sumitomo Mitsui Bank
三井住友銀行

TBR Bldg
TBRビル

Akasaka
Community Plaza
赤坂コミュニティプラザ

Jōdo-ji
浄土寺

Bank of China
中国銀行

Hie-jinja (shrine)
日枝神社

Yamawaki Gakuen (Sch.)
山脇学園

Jōgen-ji
常玄寺

Sanyō Bldg
サンヨービル

San'nō Park Tower
山王パークタワー

Nippon Columbia
日本コロムビア

Akasaka (4)
赤坂四丁目

Biz Tower
ビズタワー

Mitsubishi UFJ Trust
三菱UFJ信託

Tokyo
Isuzu M.
東京いすゞ

Gadelius Bldg
ガデリウスビル

Entsū-ji
円通寺

Akasaka (5)
赤坂五丁目

Akasaka Sacas
赤坂サカス

Akasaka-
dōri P.O.
赤坂通局

Mizuho Bank
みずほ銀行

Akasaka Park Bldg
赤坂パークビル

TBS
Broadcasting
Center
TBS放送センター

Bank of Tokyo-Mitsubishi UFJ
三菱東京UFJ銀行

Kokusai
Akasaka Bldg
国際赤坂ビル

Shampia Hotel Akasaka
シャンピアホテル赤坂

East Bldg
東館

Kokusai Shin-
Akasaka Bldgs
国際新赤坂ビル

Akasaka (2)
赤坂二丁目

Bank of Tokyo
Mitsubishi UF

West
Bldg
西館

Hikawa
Park
氷川公園

Akasaka Tameike Tower
赤坂溜池タワー

Komatsu Bldg
小松ビル

Akasaka (7)
赤坂七丁目

Hitotsugi Park
一ツ木公園

Minato-ku
港区

Akasaka Hosp.
赤坂病院

Akasaka-
Nana P.O.
赤坂七局

Noritake
ノリタケ

Kajima K1 Bldg
鹿島K1ビル

Akasaka
Twin Tower
赤坂ツインタワー

AT&T

Akasaka Welfare Hall
赤坂福祉会館

Akasaka (6)
赤坂六丁目

NTT Akasaka
NTT赤坂

Akasaka (8)
赤坂八丁目

Akasaka Yōkō Hotel
赤坂陽光ホテル

Emb. of Estonia
エストニア大使館

CS Tower
CSタワー

Emb.
United S
アメリカ

Akasaka
Elem. Sch.
赤坂小

MaRRoad
Inn Akasaka
マロウドイン赤坂

Akasaka Ch.
赤坂教会

ANA Intercontinental
ANAインターコンチネ

Akasaka
Jr. H. Sch.
赤坂中

Akasaka Residential Hotel
赤坂レジデンシャルホテル

Roppongi (2)
六本木二丁目

Ark Hills
アークヒルズ

Official Res
U.S. Amba
アメリカ

Akasaka (9)
赤坂九丁目

Emb. of Syria
シリア大使館

U.S. Embassy
Residences
アメリカ大使館宿舎

Hikawa-jinja (shrine)
氷川神社

Ark Mori Bldg
アーク森ビル

57 58 Area Map／広域図

A B 14 C D

To Kudan
To Kudan
九段へ

Three Shrines in
the Imperial Court
宮中三殿

Imperial Palace (Kōkyo)
皇居

abusachō
隼町

Miyakezaka JCT.
三宅坂ジャンクション

Fushimi-yagura
(turret)
伏見櫓

Imperial
Palace Plaza
皇居前広場

Tetsu-bashi
鉄橋

Nijū-bashi (br.)
二重橋

Ishi-bashi
石橋

Chiyoda-ku
千代田区

Miyakezaka
三宅坂

UCHIBORI DŌRI (AVE.)
内堀通り

Chiyoda
千代田

Kōkyo Sei-mon
皇居正門

National
t Library
国会図書館

Social
Democratic Party (H.Q.)
社民党本部

Kami-Dōkan-bori (moat)
上道灌濠

Kōkyo-
Gaien
皇居外苑

Sakurada-bori (moat)
桜田濠

Sakurada-mon (gate)
桜田門

Parliamentary Musm
憲政記念館

Gaisen-bori (moat)
凱旋濠

Kokkaimae Garden
(Western Style)
国会前庭洋式庭園

Japan Water-Level
Bench Mark
日本水準原点

HIBIYA LINE
日比谷線

To Ginza
銀座へ

House of
Councillors
(Sangi-in)
参議院

SAKURADAMON
桜田門

Japan
Barrister Assoc.
法曹会館

Tokyo Metropolitan
Police Dept
(Keishi-chō)
警視庁

Min. of
Justice
法務省

Common
Gov't Bldg No.6
合同庁舎6号館

Nagatachō (1)
永田町一丁目

Common Gov't Bldg No.3
合同庁舎3号館

Min. of Land,
Infrastructure and
Transport
国土交通省

Common Gov't Bldg No.2
合同庁舎2号館

Public Prosecutor's Office
検察庁

National Diet
Building
(Kokkai Gijidō)

Nat'l Police Agcy 警察庁
Nat'l Public Safety Commission
国家公安委員会

Tokyo
High Court
東京高等裁判所

Kasumigaseki (1)
霞が関一丁目

Kokkaimae Garden
(Japanese Style)
国会前庭
和式庭園

Min. of Public Management,
Home Affairs,Posts and
Telecommunications 総務省

Tokyo
District Court
東京地方裁判所

Tokyo Family Court
東京家庭裁判所

Tokyo Summary Court
東京簡易裁判所

House of
Representatives
(Shūgi-in)
衆議院

Kasumigaseki (2)
霞が関二丁目

A3

A4

A1

Bar Assoc. Hall
弁護士会館

Kokkai-
nai P.O.

Shūgi-in
Annex
衆議院分館

A6 A5

Min. of Foreign Affairs
外務省

A7

Common
Gov't Bldg No.1
合同庁舎1号館

B1b

B1a

Hibiya Park
日比谷公園

KOKKAI-GIJIDŌMAE
国会議事堂前

Matsumoto-rō
松本楼

Diet Press Center
国会記者会館

A8

Min. of
Agric., Forestry
& Fisheries
農林水産省

Common Gov't
Bldg No.5
合同庁舎5号館

B3a

B2

B3a

Hibiya-Kōen
日比谷公園

Cabinet Office
内閣府

Common Gov't
Bldg No.4
合同庁舎4号館

A10

Min. of Health,Labour and Welfare
厚生労働省

Large
Open-Air
Concert Hall
野外大音楽堂

Financial
Services Agcy
金融庁

Min. of
Finance
財務省

A13

KASUMIGASEKI
霞ヶ関

Min. of the Environment
環境省

C1

Metr.
Hibiya Library
都立日比谷図書館

Hibiya Public Hall
日比谷公会堂

Shin Kasumigaseki Bldg
新霞が関ビル

A12

A11

Min. of Economy,
Trade and Industry
経済産業省

C2

Chūnichi Bldg
中日ビル

Nippon Press
Center Bldg
日本プレスセンタービル

Kasumigaseki (3)
霞が関三丁目

Board of Audit
会計検査院

Japan Post
日本郵政公社

C3

Shinsei Bank (H.O.)
新生銀行本店

Fukoku Seimei
フコク生命

Min. of Education Culture
Sports, Sci. & Tech.
文部科学省

Agcy of Natural
Resources & Energy
資源エネルギー庁

Iino Bldg
飯野ビル

A7

Kasumigaseki Bldg
霞が関ビル

Patent Office
特許庁

Tokyo Expwy
Public Corp.
首都高速道路公団

Iino Hall
イイノホール

Uchi-Saiwaichō (2)
内幸町二丁目

Meisan Bldg
明産ビル

Tokyo Club Bldg
東京倶楽部ビル

TORANOMON
虎ノ門

Citibank
シティバンク

WINS Shimbasi
ウインズ新橋

Hibiya Kokusai Bldg
日比谷国際ビル

HIBIYA CITY
日比谷シティ

Nippon Foundation
日本財団

Shōsen
Mitsui Bldg
商船三井ビル

Toranomon
Mitsui Bldg
虎ノ門三井ビル

Mizuho Bank
みずほ銀行

Resona Bank
りそな銀行

Central Bldg
セントラルビル

Saiwai
Bldg
幸ビル

JT (H.O.)
日本たばこ産業本社

MU

Kotohira-gū
金刀比羅宮

Shin Nippon Oil
(H.O.)
新日本石油本社

A4

Shimbashi (1)
新橋

Kyōdō News
共同通信

Toranomon Hosp.
虎の門病院

BG

Toranomon
Ni-chōme Tower
虎ノ門2丁目タワー

Nissei Sangyo Bldg
日製産業ビル

A2 新橋

Printing Bureau
国立印刷局

QF, BA

Mori Bldg No.10
森ビル10号

Nishi-Shimbashi (1)
西新橋一丁目

Sumitomo Mitsui Bank
三井住友銀行

A3

Mizuho Bank
みずほ銀行

Toranomon (2)
虎ノ門二丁目

Nihon Shōbō Kaikan
日本消防会館

Toranomon (1)
虎ノ門一丁目

ATAGO-DŌRI (AVE.)

Shimbashi (2)
新橋二丁目

Hotel
Ōkura
ホテルオークラ

Shin Nikkō Bldg
新日鉱ビル

Shiba Ch.
芝教会

Nishi-Shimbashi (1)
西新橋一丁目

1 : 8000

0 ——————— 300m

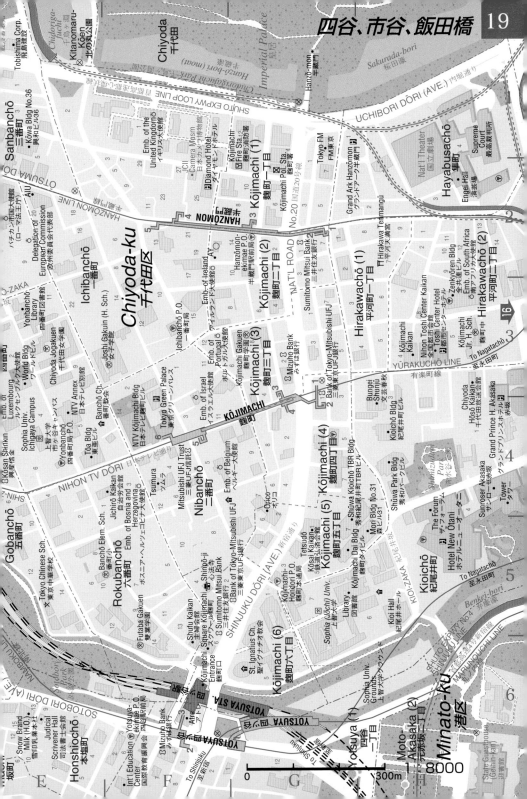

Kanda, Akihabara

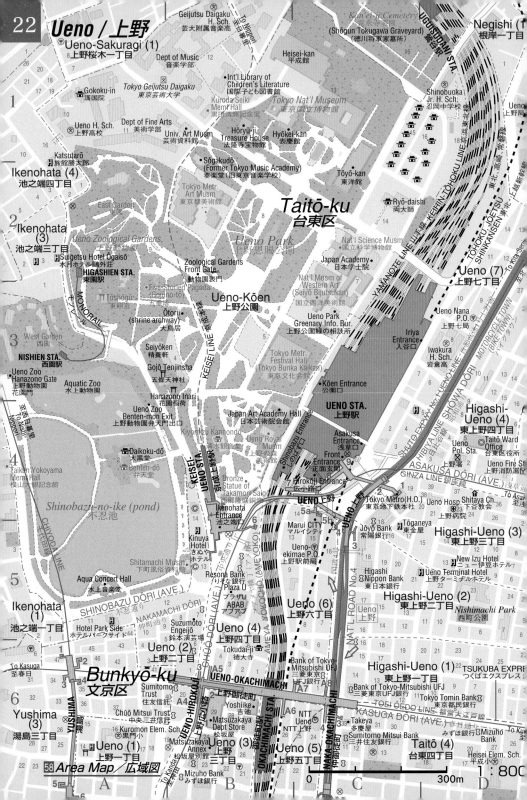

Fujimi-bashi (br.)
富士見橋
至赤羽
To Akabane
KAWAGOE KAIDO (AVE.) 川越街道
至王子
To Ōji

子安稲荷神社 Koyasu Inari-
jinja (shrine)
Sugamo Gakuen (Sch.)
巣鴨学園

Kami-Ikebukuro (2)
上池袋二丁目

Kami-Ikebukuro (1)
上池袋一丁目
Hōsei Elem. Sch.
巣成小

SAIKYO LINE 埼京線
東北貨物上線
Toshima Garbage
Incineration Plant
豊島清掃工場
Kenkō Plaza Toshima
(Ikebukuro Sports Center)
健康プラザ豊島
(池袋スポーツセンター)

Honmachi-
bashi (br.) 堀ノ内陸橋
MEIJI DŌRI (AVE.) 明治通り
Kami-Ikebukuro
P.O.
上池袋郵便局

Toshima-ku
豊島区

Kita-Ōtsuka (3)
北大塚三丁目

YAMANOTE LINE 山手線

Kita Ōtsuka Park
北大塚公園

Nishi-
Sugamo-bashi (br.)
西巣鴨橋

UTSUNOMIYA & TAKASAKI LINE
宇都宮、高崎線

至日暮里
To Nippori
至赤羽
To Akabane

Higashi-
Ikebukuro (1)
東池袋一丁目
Yachiyo
Bank
八千代銀行

Meiji Yasuda
Seimei Bldg
明治安田生命ビル

NAT'L ROAD No. 254 国道254号

Higashi-
Ikebukuro (2)
東池袋二丁目

Ward Office
豊島区役所
Toshima
Public Hall
豊島公会堂

Tokyo Electric Power Co.
東京電力
Tokyo Electronics Coll.
東京電子専門学校

KASUGA DŌRI (AVE.) 春日通り

至大塚
To Ōtsuka

Naka-Ikebukuro
Park 中池袋公園 Toshima Civic Center
豊島区民センター

Higashi-
Ikebukuro Park
東池袋公園
NTT Toshima
NTT豊島
Ikebukuro Hosp.
池袋病院

Higashi-
Ikebukuro (3)
東池袋三丁目

MARUNOUCHI LINE 丸ノ内線

Tokyo Nissan
東京日産
Daihatsu
Tokyo
ダイハツ
新東京販売

Toshima
Fire Station
豊島消防署

至後楽園
To Kōrakuen

SUNSHINE DŌRI サンシャイン通り

Tokyo Star Bank
東京スター銀行

Higashi-Ikebukuro
Central Park
東池袋中央公園

Urbannet
Ikebukuro Bldg
アーバンネット
池袋ビル
Toshima Driver
Training Sch.
豊島自動車練習場

Toshima P.O.
豊島局

General Playground
総合体育場

Théâtre
テアトル
Tōkyū
Hands
東急ハンズ

Sunshine City
Prince Hotel
サンシャインシティ
プリンスホテル

Higashi-
Ikebukuro
東池袋

SUNSHINE 60 DŌRI サンシャイン60通り

Toyota
Amlux
トヨタ
アムラックス

Sunshine 60 Bldg
サンシャイン60

Alpa (shopping
complex)
アルパ
World Import Mart
ワールドインポートマート

Nanjatown
ナンジャタウン

Hōyū
Elem.
Sch.
朋有小

Toshimagaoka
Joshi Gakuen
豊島岡女子学園

Aquarium
国際水族館

Culture Center
(Bunka Kaikan)
文化会館

Ancient Orient Musm
古代オリエント博物館

Sunshine Theater
サンシャイン劇場

Mint Bureau
Tokyo Branch
造幣局東京支局

TODEN ARAKAWA LINE 都電荒川線

Aozora Bank
あおぞら銀行

Minami-
Ikebukuro Park
南池袋公園

Presso Inn Ikebukuro
プレッソイン池袋

Kampo Health
Plaza Tokyo
かんぽヘルス
プラザ東京

Seiyū
西友

Hinodechō Park
日ノ出町公園

Higashi-
Ikebukuro (4)
東池袋四丁目

UFJ Nicos
UFJニコス
Honda Verno
ホンダベルノ

Rise Arena Bldg
ライズアリーナビル

Air Rise Tower
エアライズタワー

Higashi-
Ikebukuro (5)
東池袋五丁目

Minami-
Ikebukuro (2)
南池袋二丁目

FUKUTOSHIN LINE 副都心線

JTB Traveland
JTBトラベランド

Honkyō-ji
本教寺

HIGASHI-IKEBUKURO 東池袋
SHUTO EXPWY No.5 首都高速5号池袋線

HIGASHI-IKEBUKURO
YONCHOME

Higashi-Ikebukuro P.O.
東池袋郵便局

Kanju-in
寛受院

ZOSHIGAYA 雑司ヶ谷

Ōtsuka (6)
大塚六丁目

1:7000
0   300m

at各橋
To Iidabashi

NHK Hall
NHKホール

Nat'l Yoyogi Stadium
No.2 Gymnasium
国立代々木競技場
第二体育館

Kishi Meml Hall
岸記念体育館

Japanese
Olympic Committee
日本オリンピック委員会

Jo Shinjuku

Kyōcera
京セラ

Chōsen-ji
長泉寺

Co-op Inn Shibuya
コープイン渋谷

Jingūmae (6)
神宮前六丁目

Jinnan (2)
神南二丁目

Kitatani Inari-jinja
北谷稲荷神社

Kuwasawa Design Sch.
桑沢デザイン研究所

Jinnan (1)
神南一丁目

Jinnan
Common
Gov't Bldg
神南合同庁舎

*Jingū-
dōri
Park*

Jingū-dōri Park
神宮通公園

World Folk
Costumes Musm
民俗文化博物館

New Washington Hotel
ニューワシントンホテル

NHK
Broadcasting Center
NHK放送センター

NHK Studio Park
NHKスタジオパーク

Shibuya Public Hall
渋谷公会堂

Shibuya
Ward Office
渋谷区役所

Shibuya Fire Sta.
渋谷消防署

Shibuya
Kyōiku Gakuen

Kamiyamachō
神山町

Shibuya
Tax Office
渋谷税務署

Legal ⓔ
Affairs Bureau
法務局

Shibuya
Ward Office
渋谷区役所

Tokyo Electric Power Co.
東電渋谷支社

TEPCO Electric
Energy Musm

Chiyo Tanaka
Fashion Arts
東京田中千代服装学院

Arimax Hotel Shibuya
アリマックスホテル渋谷

Shibuya Public
Health Center
渋谷保健所

Udagawachō
Bldg
宇田川町ビル

Tobacco &
Salt Musm
たばこと塩の博物館

Tuberculosis
Prevention Socie
Shibuya Clin
結核予防会渋谷診療所

Shibuya Creston Hotel
渋谷クレストンホテル

Dai-Ichi Kyōdō Bldg
第一共同ビル

Jinnan Elem. Sch.
神南小

Tōbu Hotel
東武ホテル

Shōtō (1)
松濤一丁目

Kōen-dōri Theater
公園通り劇場

PARCO Part II
パルコパート2

Workers' Welfare Hall
勤労福祉会館

*Mitak
Park*
美竹公

Kanze Noh Theater
観世能楽堂

Udagawachō
宇田川町

Shibuya Video Studio
渋谷ビデオスタジオ

Jinnan
P.O.
神南

Tower
Records
タワーレコード

Metr. Children's
東京都児

Metro Plaza
メトロプラザ

Ward Office
Omukai
Branch
大向出張所

Tōkyū Hands
東急ハンズ

PARCO Part I
パルコパート1

GAP

Marui CITY
マルイシティ

*Mitak
美竹教*

Pola Bldg
ポーラビル

Shōtō (1)
松濤一丁目

PARCO Part III
パルコパート3

Yamate Ch.
大向教会

Movida
モヴィーダ

Marui
JAM
マルイ
JAM

*Miyashita
Park
宮下公園*

Bank of
Tokyo-Mitsubi
三菱東京UFJ

Orchard Hall
オーチャードホール

Shibuya BEAM
渋谷BEAM

Cinema Rise
シネマライズ

Loft
西武ロフト館

(B)
B館
Seibu
Dept Store
西武百貨店

Shibuya
Tōkyū Inn
渋谷
東急イン

Higashiguchi
Kaikan
東口会館

Theatre Cocoon
シアターコクーン

QUATTRO by PARCO

Chitose
Kaikan
千歳会館

Cine Palace
シネパレス

Marui
JAM

Le Cinema
ル・シネマ
Bunkamura

Tōkyū Dept Store
(Main Store)
東急百貨店本店

HMV

Bank of Tokyo-
Mitsubishi UFJ
三菱東京UFJ

東急イン

Chūō Mitsui
中央三井

Shōtō P.O.
松濤局

The Museum
ザ・ミュージアム

Citibank
シティバンク

Yamada
Denki
ヤマダ電機

Center Gai
センター街

Mizuho
Bank
みずほ銀行

Q FRONT
キュー
フロント

Mizuho Bank
みずほ銀行

中央三井信
みずほ銀行

Resona Ba
りそな銀行

Cine Amuse
シネアミューズ

Chiyoda Inari
千代田稲荷

Cine Saison
シネセゾン

109
(Ichimarukyū)

33
109-②

SHIBUYA STA.
渋谷駅

Tōkyū
Tōyoko
東急東横店

三菱東京UFJ銀行

三菱U

Western
Antique Musm
西洋アンティック美術館

Dōgenzaka (2)
道玄坂二丁目

The PRIME
ザ・プライム

Shibutō
渋東

②Cinetower
渋東シネタワー⑤

Hachikō
Statue
ハチ公像

Tōkyū
9
Tōyoko
東急東横店

10 11

Resona Ban
りそな銀行

三菱U

Shibuya Hyakkendana
渋谷百軒店

Interior
Imon
インテリア井門

East ⓔ口
Entrance

**SHIBUYA
STA.**
渋谷駅

East Bus
Terminal
東口バス

ON AIR WEST

ON AIR EAST

Dr. Jeekahn's
ドクタージーカンズ

Yachiyo Bank
八千代銀行

SHIBUYA STA. 渋谷駅

Shibuya Excel Hotel Tōkyū
渋谷エクセルホテル東急

West Bus
Terminal
西口バス
ターミナル

South Entrance
南口

East Bus
Terminal
東口バス
ターミナル

East Bus
Terminal
バス
ターミナル

Shi
Pol

Maruyamachō
円山町

Noa Dōgenzaka
ノア道玄坂

Shin
Taisō Bldg
新大宗ビル

Shibuya Mark City
渋谷マークシティ

Bank of
Tokyo-Mitsubishi UFJ
三菱東京UFJ銀行

Sumitomo Mitsui Bank
三井住友銀行

SHINSEN STA.
神泉駅

KEIŌ INOKASHIRA LINE
京王井の頭線

Miele
ミーレ

Dōgenzaka (1)
道玄坂一丁目

Tōkyū Plaza
東急プラザ

Shibuya
Chūōgai P.O.
渋谷中央街局

JTB

Dōgenzaka P.O.
道玄坂局

Shibuya Nomura Bldg
渋谷野村ビル

**Shinsen-
chō**
神泉町

SHUTO EXPWY No.3 SHIBUYA LINE

Shin-Nanpeidai
Tōkyū Bldg
新南平台東急ビル

Cerulean Tower ⓒ
セルリアンタワー

Tokyo Inst. of Tech.
東京工業専門学校

Euro Space
ユーロスペース

Yamaha
Electone City
ヤマハエレクトーンシティ

Cerulean Tower
セルリアンタワー

Tokyo Info. Business Coll.
東京情報ビジネス専門学校

Sakuragaokachō
桜丘町

Naka-Shibuya Ch.
中渋谷教会

Hillport Hotel
ヒルポートホテル

Nanpeidaichō
南平台町

JT Shibuya Bldg
日本たばこ産業渋谷ビル

Sumitomo Seimei Bldg
住友生命ビル

Shibuya Infoss Tower
渋谷インフォスタワー

Tōkyū Corp. (H.O.)
東京電鉄本社

A   B   C   D

Roppongi (7) 六本木七丁目

Nishi-Azabu (1) 西麻布一丁目

Minami-Aoyama (2) 南青山二丁目

Nishi-Azabu (2) 西麻布二丁目

Minami-Aoyama (4) 南青山四丁目

Nishi-Azabu (1) 西麻布一丁目

Minami-Aoyama (5) 南青山五丁目

Minami-Aoyama (6) 南青山六丁目

Minami-Aoyama (7) 南青山七丁目

Roppongi Hills 六本木ヒルズ

Roppongi (6) 六本木六丁目

Moto-Azabu (3) 元麻布三丁目

Moto-Azabu (2) 元麻布二丁目

Nishi-Azabu (3) 西麻布三丁目

Minato-ku 港区

Nishi-Azabu (4) 西麻布四丁目

Hiro-o Garden Hills 広尾ガーデンヒルズ

A   B   C   D

To Hamamatsucho
TOKAIDO LINE
KEIHIN KYŪKO LINE

NAT'L ROAD No.15
国道15号
Shinagawa-ekimae P.O.
品川駅前郵便局

Emb. of Sri Lanka
スリランカ大使館

Mansion of Prince Takamatsu
高松宮邸

Takamatsu Jr. H. Sch.
高松中

Takanawa Gakuen
高輪学園

Tombs of Taka-Gishi

Takanawa (2)
高輪二丁目

Nomura Securities Training Center
野村証券研修センター

Takanawa Jinja
高輪神社

Takanawa-Ichi Apts.

Metr. Takanawa-Ichi Sch.
都営高輪一団地

Takanawa-Ichi H. Sch.

Tōkai Univ.
東海大学

Tōkai Univ. Jr. College
東海大付属高

Tōkai Ichi Sch.
東海大大図

Tōkai Univ.
東海大付属高

Sony Int'l Conference Hall
ソニー国際会議場

Sony Welfare Hall
高輪福祉会館

Takanawa Park
高輪公園

Grand Prince H. Takanawa
グランドプリンスホテル高輪

Tokyo Toyopet
トヨペット

Tokyo Sakura Tower
東京さくらタワー

The Prince Sakura Tower
ザ・プリンスさくらタワー

Takanawa Ni P.O.
高輪二局

Myōfuku-ji
妙福寺

Takanawadai Elem. Sch.
高輪台小

Tōzen-ji (temple)
東禅寺

Jōkyō-ji
承教寺

Takanawa Ni P.O.
高輪二局

Seirin-ji
清林寺

Kōyasan Tokyo Branch
高野山東京別院

Takanawa Ch.
高輪教会

Enpuku-ji
円福寺

Kōfuku-ji
光福寺

Takanawa Residence Members of House of Representatives
衆議院高輪議員宿舎

Ajinomoto Meml Hall
味の素記念会

Kokusaikan Pamir
国際館パミール

TENJIN-ZAKA (SLOPE)
天神坂

Kōdai-in
光台院

Genshō-ji
源昌寺

Takanawa (1)
高輪一丁目

Shōman-ji
正満寺

Kōbai-in
黄梅院

Enshin-ji
円真寺

Takanawa (3)
高輪三丁目

Takanawa Police Sta.
高輪警察署

Emb. of Malawi
マラウイ大使館

Emb. of Ethiopia
エチオピア大使館

Nissay
日生慈恵院

Takanawadai Bldg
高輪台ビル

TAKANAWADAI
高輪台

Takanawadai P.O.
高輪台郵便局

Sempo Takanawa Hosp.
せんぽ高輪病院

KATSURA-ZAKA (SLOPE)
桂坂

TO ROPPONGI
ROPPONGI-DŌRI

HIYOSHI-ZAKA (SLOPE)
日吉坂

TOEI ASAKUSA LINE
都営浅草線

A2   A1

Sheraton Miyako H. Tokyo
シェラトン都ホテル東京

To Shirokane-Takanawa
白金台高輪

Meiji Gakuin Univ.
明治学院大学

Meiji Gakuin H. Sch.
明治学院高

Happōen Yōkan
八芳園迎賓館

Happō-en Garden
八芳園

Chapel
礼拝堂

SAKURADA-DŌRI (AVE.)
桜田通り

Hotel Mates
ホテルメイツ

Legal Training & Research Inst.
司法研修所

Shirokane Annex
白金分館

Shōei Gakuen
頌栄女子学院

Joshi Gakuin
頌栄女子学院中

Shirokane (2)
白金二丁目

Shirokanedai (1)
白金台一丁目

Meiji Gakuin Elem. Sch.
明治学院小

Bussho Gonenkai
仏所護念会

Shirokanedai (2)
白金台二丁目

Higashi-Gotanda (4)
東五反田四丁目

Hatakeyama Collection
畠山記念館

Hannya-en
般若苑

MITA LINE (TOEI)
都営三田線

SHIROKANEDAI
白金台

Nat'l Inst. of Public Health
国立公衆衛生院

Nat'l Science Museum

Shirokanedai P.O.
白金台郵便局

Zuisei-ji
瑞聖寺

NTT Shirokane
NTT白金

Minato-ku
港区

Shirokanedai (3)
白金台三丁目

Shirokanedai Danchi (apts)
白金台団地

NAMBOKU LINE
南北線

Emb. of Eritrea
エリトリア大使館

Shirokanedai Welfare Hall
白金台福祉会館

Shirokanedai (4)
白金台四丁目

Emb. of Belarus
ベラルーシ大使館

Saiō-ji
最勝寺

Hongan-ji
本願寺

Jōkō-ji
常光寺

Hōzō-ji
宝蔵院

Dai-San Hing Elem. Sch.
第三日野小

Higashi-Gotanda (5)
東五反田五丁目

Ikedayama Park
池田山公園

Univ. of Tokyo Inst. of Medical Science
東京大医科学研究所附属病院

Univ. of Tokyo Inst. of Medical Science Hosp.
医科学研究所附属病院

Matsuoka Art Museum
松岡美術館

Shirokanedai (5)
白金台五丁目

GAIEN-NISHI DŌRI (AVE.)
外苑西通り

Taipei Economic & Cultural Representative Office
台北駐日経済文化代表処

The Garden
ザ・ガーデン

Mizuho Bank
みずほ銀行

Kōshu-ji
光福寺

Kami-Ōsaki (1)
上大崎一丁目

Ryūsō-in
龍泉院

Seigan-ji
清岸寺

Kaihō-ji
戒法寺

Ryūsō-in
龍泉院

Emb. of Indonesia
インドネシア大使館

NTT East Kantō Hosp.
NTT東日本関東病院

NTT Hosp. Nurses' Coll.
NTT東日本高等看護学院

NAT'L Park for Nature Study
国立自然教育園

MEGURO-DŌRI (AVE.)
目黒通り

TO MEGURO LINE
目黒線

EXPWY No.2 MEGURO LINE
首都高2号目黒線

Entrance
入口

To Meguro

A   B   36   C   D

33

West Entrance
西口

EBISU STA. 恵比寿駅

East Entrance
東口

Shōwa Shinkin
昭和信金

Bank of Tokyo-Mitsubishi UFJ
三菱東京UFJ銀行

Unosawa Tōkyū Bldg
ウノサワ東急ビル

Subaru Bldg
スバルビル

Shibuya Ward Shimbashi Branch Office
渋谷区新橋出張所

Ebisu (2)
恵比寿二丁目

Sumitomo Mitsui Bank
三井住友銀行

Mizuho Bank
みずほ銀行

Atre Ebisu
アトレ恵比寿

Mizuho Bank
みずほ銀行

Ebisu (1)
恵比寿一丁目

Ebisu-ekimae P.O.
恵比寿駅前局

Ebisu Grand Bowl
エビスグランドボウル

Ebisu P.O.
恵比寿局

Communit Cente
社会教育館

Calpis Food
カルピス

Ebisu-Minami (1)
恵比寿南一丁目

Tokyo Sumire Kaikan
東京すみれ会館

Ebisu Neonate
恵比寿ネオナート

Konkōkyō Shrine
金光教会

Ebisu (4)
恵比寿四丁目

Shibuya-ku
渋谷区

Kakeizuka Elem. Sch.
加計塚小

Maison Franco-Japonaise
(Nichifutsu Kaikan)
日仏会館

Ebisu-Minami (2)
恵比寿南二丁目

Ebisu (3)
恵比寿三丁目

Ebisu-Minami-bashi (br.)
恵比寿南橋

Sky Walk スカイウォーク

Mitsukoshi Dept Store
三越

Beer Station
ビヤステーション

Sapporo Breweries (H.O.)
サッポロビール本社

Beer Musm Ebisu
恵比寿・麦酒記念館

Ebisu Garden Cinema
恵比寿ガーデンシネマ

Garden Terrace Nibankan
ガーデンテラス弐番館

Xinhua News Agcy
(Shinkasha)
新華社

Ebisu Garden Place
恵比寿ガーデンプレイス

Garden Place Tower
ガーデンプレイス
タワー

Taillevent-Robuchon
タイユバン・ロブション

Defense Ministry Technical
Research & Development Inst.
防衛省技術研究所

Kōsei Chūō Hosp.
厚生中央病院

Garden Hall
ガーデンホール

Tokyo Metr. Musm
of Photography
東京都写真美術館

Westin Tokyo
ウェスティンホテル東京

Garden Terrace
ガーデンテラス

Ichibankan
壱番館

Naka-Meguro (2)
中目黒二丁目

YAMANOTE LINE 山手線

Meguro-Mita P.O.
目黒三田局

Mita-bashi (br.)
三田橋

Ebisu View Tower
恵比寿ビュータワー

Mita (1)
三田一丁目

Minato-ku
港区

CHAYAZAKA (SLOPE) 茶屋坂

Mita (2)
三田二丁目

Kasuga-jinja
春日神社

Nat'l Park for
Nature Study
国立自然教育園

Emb. of Poland
ポーランド大使館

Hinomaru
Driving Sch.
日の丸自動車学校

Emb. of Algeria
アルジェリア大使館

SAIKYŌ LINE 埼京線

Meguro-ku
目黒区

Shirokanedai (5
白金台五丁目

Meguro Garbage
Incineration Plant
目黒清掃工場

Dendō Elem. Sch.
田道小

Metr. Education
Training Center
都教職員研修センター

Kami-Ōsaki (2)
上大崎二丁目

SHUTO EXPWY No.2/首都高2号 MEGURO LINE/目黒線

Metr. Guesthouse
都迎賓館

Metr. Teled Art Musm
東京都庭園美術館

Dendō Community Center
田道ふれあい館

Dendō-bashi (br.)
田道橋

Fureai-bashi (br.)
ふれあい橋

Metr. Meguro
Itchōme Apts
都営目黒
一丁目アパート

Nihon Eiga Shinsha
日本映画新社

Shinagawa-ku
品川区

Megu

Workers' Welfare Hall
勤労福祉会館

Shirokane Ch.
白金教会

Meguro Civic Center
目黒区民センター

Swimming
Pool

IK Bldg
IKビル

Meguro (1)
目黒一丁目

Sugino Kōdō
杉野講堂

Library
図書館

Tōkyū Store
東急ストア

Shinsei Bank
新生銀行

Meguro Musm of Art
目黒区美術館

Hinode Joshi Gakuen
日出女子学園

Meguro Cinema
目黒シネマ

NAMBOKU LINE, TOEI MITA LINE
南北線・都営三田線

To Shirok

Meguro (2)
目黒二丁目

Kume Art Musm
久米美術館

Pioneer
パイオニア

MEGURO STA. 目黒駅

Atre
アトレ

Megu ekima 目黒駅

Shimo-
Meguro Elem. Sch.
下目黒小

Shimbashi (br.)
新橋

Shimo-Meguro (1)
下目黒一丁目

Shimsei Bank
新生銀行

Kami-Ōsaki (3)
上大崎三丁目

GONNOSUKEZAKA (SLOPE) 権之助坂

Gyōninzaka Ch.
行人坂教会

MEGURO-DŌRI (AVE.) 目黒通り

0   300m   1 : 8000

A   B   C   D

Sōka City
草加市

Yatsukachō
谷塚町

Saitama-ken
埼玉県

Yatsuka-Kamicho
谷塚上町

Yoshichō
吉町

Sesakichō
瀬崎町

Nishibukuro
西袋

Teshiro-chō
手代町

Kami-Bamba
上馬場

Chūō
中央

Yashio
八潮

Ōtori
大鳥

Ōsone
大曽根

Tokyo Gas
東京ガス

Jusco
ジャスコ

Hanahata Danchi (apts)
花畑団地

Hanahata Park
花畑公園

Hanahata
花畑

Tokyo Adachi Hosp.
東京足立病院

Yashio City
八潮市

Nishi-Hokima
西保木間

Adachi Garbage
Incineration Plant
足立清掃工場

Ukizuka
浮塚

Ikō-onchō
伊興本町

Nishi-
akenotsuka
竹ノ塚

Takenotsuka
竹ノ塚

Hokima
保木間

Ito Yōkadō
イトーヨーカ堂

Takenotsuka Hosp.
竹の塚病院

Motofuchie
Park
元渕江公園

Adachi Kita P.O.
足立北局

Nakagawa Hosp.
中川医院

Takenotsuka
Pol. Sta.
竹の塚署

Higashi-Hokima
東保木間

Adachi Sōgō
Sports Center
足立総合
スポーツセンター

Fuchie
H. Sch.
淵江高

Minami-Hanahata
南花畑

Shinmei
神明

Shuto Expwy No.6
Shinmei-
Minami
神明南

Higashi-
Rokugatsuchō
東六月町

Rokugatsu
六月

Hozukachō
保塚町

Rokuchō
六町

Kita-
Kaheichō
北加平町

Kurihara
栗原

Hirano
平野

Hitotsuya
一ツ家

Kahei
加平

Shimane
島根

Galaxycity
ギャラクシティ

Nishi-Kahei
西加平

Ayase
Pol. Sta.
綾瀬署

4-KAN-NANA DŌRI (AVE)

Nishiarai
Sta.
新井駅

Saty
サティ

Nishiarai-
Sakaechō
西新井栄町

Tōbu Hosp.
東部病院

Umejima
梅島

Adachi Fire Stn.
足立消防署

Chūō-Honchō
中央本町

Adachi
Ward Office
足立区役所

Aoi
青井

Ayase
綾瀬

Umeda
梅田

Sekibara
関原

Aoi H. Sch.
青井高

Kōdo
弘道

1 : 28000

Nakano-ku
中野区

Suginami-ku
杉並区

To Kameari

Kita-Shinozaki
北篠崎

Shinozaki
Green
篠崎緑地

Ōsu
大洲

To Shibamata

Higashi-
Matsumoto
東松本

Shinozaki Park
篠崎公園

Sengen-
jinja
浅間神社

To Moto-Yawata
至本八幡

Owada
大和田

Matsumoto
松本

Shishibone-
Shinbashi
鹿骨新橋

Shishibone-
bashi
鹿骨橋

Shishibone
鹿骨

Nishi-
Shinozaki
西篠崎

Kami-Shinozaki
上篠崎

Edo-gawa (river)

Ōsu
大洲

Koiwa Fire Sta.
小岩消防署

Shishibone Sports Plaza
鹿骨スポーツ広場

KEIYO DORO

To Chiba & Narita
至千葉・成田

Tōkagi
稲荷木

Ōsugi-
bashi
大杉橋

Nibori
新堀

Shinozaki
篠崎

Shinozaki
篠崎

Edogawa
Grounds
江戸川
グラウンド

Shinozaki Library
篠崎図書館

Ōsugi
大杉

Ichinoe-
bashi (br.)
一之江橋

Shimo-
Shinozakichō
下篠崎町

Kawara
河原

Pony Land
ポニーランド

ROAD No.14

Shinozakimachi
篠崎町

Edogawa Sluice
江戸川水門

Nishi-
Ichinoe
西一之江

Mizue
瑞江

Yagōchi
谷河内

Shinozaki
H. Sch.
篠崎高

SHUTO EXPWY No.7 KOMATSUGAWA LINE

Shimo-
Kamatachō
下鎌田町

Minami-Shinozakichō
南篠崎町

Higashi-
Shinozaki
東篠崎

Haruechō
春江町

Mizue
瑞江

Edogawa-ku
江戸川区

Hon-
Gyōtoku
本行徳

Tenmangū
天満宮

Ichinoe
一之江

Nishi-Mizue
西瑞江

Shimo-
Kamatamachi
下鎌田町

Ōji Paper
王子製紙

Honshio
本塩

Ichinoe
一之江

Meiwa-
bashi
明和橋

Higashi-Mizue
東瑞江

Sekigashima
関ヶ島

Isejuku
伊勢宿

TOEI SHINJUKU LINE

Edogawa Garbage
Incineration Plant
江戸川清掃工場

Oshikiri
押切

To Nishi-
Funabashi

Ichinoe
一之江

Mizue
(br.)
瑞江橋

Shin-
Imai-bashi (br.)
新今井橋

Edogawa
江戸川

Edogawa-Nichōme
Danchi (apts)
江戸川二丁目団地

Minato
湊

Gyōtoku
Library
行徳図書館

Gyōtoku
行徳

Kasai Tech
H. Sch.
葛西工高

Mizuho-
ōhashi (br.)
瑞穂大橋

Kyū-Edo-gawa (river)
旧江戸川

Kandori
香取

Minato-
shinden
湊新田

Seiyu
西友

Suehiro
末広

Tokyo-to
東京都

Imai-bashi

Chiba-ken
千葉県

Minato-
shinden
湊新田

Gyōtoku-
Ekimae
行徳駅前

echō

Hiro-ō
広尾

Ainokawa
相之川

Kakemama
欠真間

Gyōtoku P.O.
行徳局

Minami Fire Sta.
南消防署

Edogawa
江戸川

Sun Bowl
サンボウル

Ichikawa City
市川市

Shimajiri
島尻

Arai
新井

Minami-Gyōtoku
南行徳

Fukuei
福栄

Niihama
新浜

Higashi-Kasai
東葛西

Tōdaijima
当代島

Urayasu-Ichikawa
Citizen's Hosp.
浦安市
市民病院

Imperial Household Agcy
Niihama Duck-Hunting Fields
宮内庁新浜鴨場

Myokenjima
妙見島

Urayasu City
浦安市

Kitazakae
北栄

Minami-Gyōtoku
南行徳

Wild Bird Paradise
(Yachō-no-Rakuen)
野鳥の楽園

Daiei

0   28000   900m

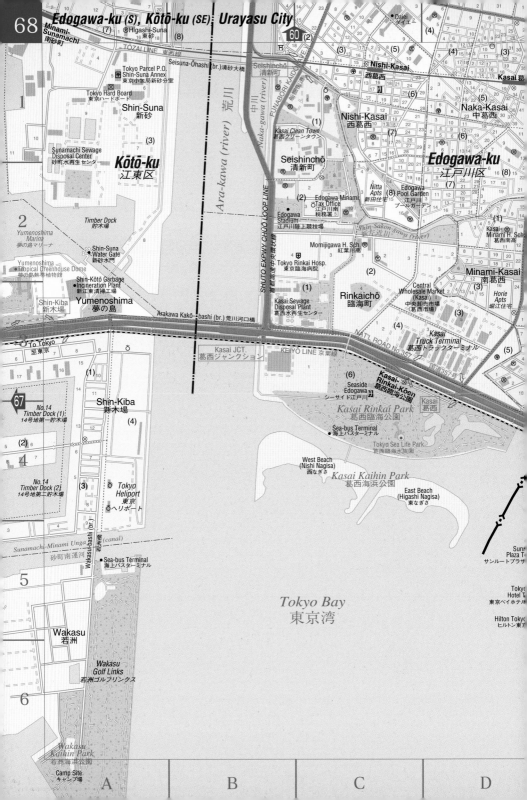

Minami-Sunamachi
南砂町

(7)　●Higashi-Suna
東砂　(8)

TŌZAI LINE 東西線

Seisuna-Ōhashi (br.) 清砂大橋

Tokyo Parcel P.O.
Shin-Suna Annex
東京小包局新砂分室

Tokyo Hard Board
東京ハードボード

Shin-Suna
新砂

(3)

Sunamachi Sewage
Disposal Center
砂町水再生センター

Kōtō-ku
江東区

Timber Dock
貯木場

Yumenoshima
Marina
夢の島マリーナ

Shin-Suna
Water Gate
新砂水門

Yumenoshima
Tropical Greenhouse Dome
夢の島熱帯植物館

Shin-Kōtō Garbage
Incineration Plant
新江東清掃工場

Shin-Kiba
新木場

Yumenoshima
夢の島

To Tokyo
至東京

No.14
Timber Dock (1)
14号地第一貯木場

(2)

Shin-Kiba
新木場

(4)

No.14
Timber Dock (2)
14号地第二貯木場

(3)

Tokyo
Heliport
東京
ヘリポート

Sunamachi-Minami Unga (canal)
砂町南運河

Wakasu-bashi (br.)
若洲橋

Sea-bus Terminal
海上バスターミナル

Wakasu
若洲

Wakasu
Golf Links
若洲ゴルフリンクス

Wakasu
Kaihin Park
若洲海浜公園

Camp Site
キャンプ場

60 (2)

Daiei
ダイエー

(4)

(5)

(3)

FUNABORI KAIDŌ 船堀街道

Nishi-Kasai
西葛西

(6)

(4)

(3)

Kasai 葛西

Nishi-Kasai
西葛西 (5)

Nishi-Kasai
西葛西

Naka-Kasai
中葛西

Naka-gawa (river) 中川

Kasai Clean Town
葛西クリーンタウン

(7)

Ara-kawa (river) 荒川

(1)

Seishinchō
清新町

(5)

(7)

Edogawa Minami
Tax Office
江戸川南
税務署

(2)

Nitta
Apts
新田住宅

(8)

Edogawa
Pool Garden
江戸川
プールガーデン

(8)

Edogawa-ku
江戸川区

(7)

(1)

SHUTO EXPWY CHŪŌ LOOP LINE 首都高速中央環状線

Edogawa
Stadium
江戸川陸上競技場

Momijigawa H. Sch.
紅葉川高

Tokyo Rinkai Hosp.
東京臨海病院

Shin-Sakon-gawa (river) 新左近川

Kasai-
Minami H. Sch.
葛西南高

Minami-Kasai
南葛西

(2)

Kasai Sewage
Disposal Plant
葛西水再生センター

(1)

Rinkaichō
臨海町

Central
Wholesale Market
(Kasai)
中央卸売市場
(葛西市場)

(3)

Horie
Apts
堀江住宅

(3)

Arakawa Kakō-bashi (br.) 荒川河口橋

(4)

NATL ROAD NO.357 国道357号

Kasai
Truck Terminal
葛西トラックターミナル

(5)

KEIYŌ LINE 京葉線

Kasai JCT.
葛西ジャンクション

(6)

Seaside
Edogawa
シーサイド江戸川

Kasai
Rinkai-Kōen
葛西臨海公園

Kasai Rinkai Park
葛西臨海公園

Kasai
葛西

Sea-bus Terminal
海上バスターミナル

Tokyo Sea Life Park
葛西臨海水族園

West Beach
(Nishi Nagisa)
西なぎさ

Kasai Kaihin Park
葛西海浜公園

East Beach
(Higashi Nagisa)
東なぎさ

Sunr
Plaza T
サンルートプラザ

Tokyo
Hotel T
東京ベイホテル

Hilton Tokyo
ヒルトン東京

Tokyo Bay
東京湾

| A | B | C | D |

Tokyo Customhouse
東京税関
Telecom Center
テレコムセンター

Ōedo Onsen (Spa) •
大江戸温泉物語

Kōtō-ku
江東区

66

To Ariake
至有明

Minami
Shinagawa
南品川

Shinagawa
Pol. Sta.
品川署

Higashi-
Shinagawa 32

Ōi Thermoelectric
Power Plant
大井火力
発電所

Yashio
Kita Park
八潮北公園

Ōi
大井

Aomono-yocho
青物横丁

Yashio
H. Sch
八潮高

Shinagawa
Sea Side
品川シーサイド

Ōi Garbage
Incineration
Plant
大井清掃工場

Yashio
八潮

Ōi Futō (wharf) 大井ふ頭

Higashi-Ō
東大井

Samezu
鮫洲

Samezu
Driving License
Test Course
鮫洲運転免許
試験場

ŌI JCT.
大井
ジャンクション

Tokyo Freight Terminal
東京貨物ターミナル

Shinagawa-ku
品川区

Port of Tokyo
東京港

Katsushima
勝島

Daiei
ダイエー

Yashio
Park Town
八潮
パークタウン

Minatogaoka
Futō Park
みなとが丘ふ頭公園

Katsushima-
bashi (br.)
勝島橋

Katsushima
勝島

Ōi-Minami
大井南

Tokyo
Customhouse
(Branch)
東京税関(出)

Plant Quarantine Center
Branch Office
植物防疫所出張所

Tōkai
東海

Tokyo
Fisheries
Terminal
東京水産ターミナル

Stands
スタンド

Ōi Race Course
大井競馬場

Ōi Futō
Central
Kaihin Park
大井ふ頭中央
海浜公園

73

Keihin
Truck Terminal
京浜トラックターミナル

Ōta Stadium
大田スタジアム

Shin-
Heiwa-bashi (br.)
新平和橋

Heiwajima
平和島

• Ōi Cold Plaza
大井コールドプラザ

Heiwajima
Park
平和島公園

Yamato-
ōhashi (br.)
大和大橋

Tokyo Port Wild Bird Park
(Tokyo-kō Yachō Kōen)
東京港野鳥公園

Jōnan-
bashi (br.)
城南橋

Jōnanjima
城南島

Ryūtsū
Center
流通
センター

Tokyo
Distribution
Center
東京流通
センター

Tōkai
東海

Flower
Market
花き棟

Tokyo Central
Wholesale Market (Ōta Shijō)
東京中央卸売市場 (大田市場)

Ōta-ku
大田区

Jōnan-ōhashi (br.)
城南大橋

Jōna
Kaihin
城南海

Heiwanomori-
Kōen
平和の森公園

Heiwajima
平和島

Tōkai JCT.
東海
ジャンクション

Nankai-
hashi (br.)
南海橋

Keiwa-bashi (br.)
京和橋

Ōta Garbage
Incineration Plant
大田清掃工場

Tokyo Gas
Grounds
東京ガスグラウンド

Shōwajima JCT.
昭和島
ジャンクション

Shōwajima
昭和島

Keihin-ōhashi (br.)
京浜大橋

Keihinjima
京浜島

Ōmori-Higashi
大森東

Shōwajima
昭和島

Morigasaki Sewage
Disposal Center
森ヶ崎水再生センター

Keihinjima
Industrial Park
京浜島工業団地

Haneda-Kūkō
羽田空港

Tōkyo Int'l Air
(Haneda Airp

Ōmori-
Minami
大森南

Tokyo Rōsai Hosp.
東京労災病院

To Haneda
Airport
至羽田空港

78

To Haneda Airport
至羽田空港

東京国際空港 (羽

A   **B**   **C**   **D**

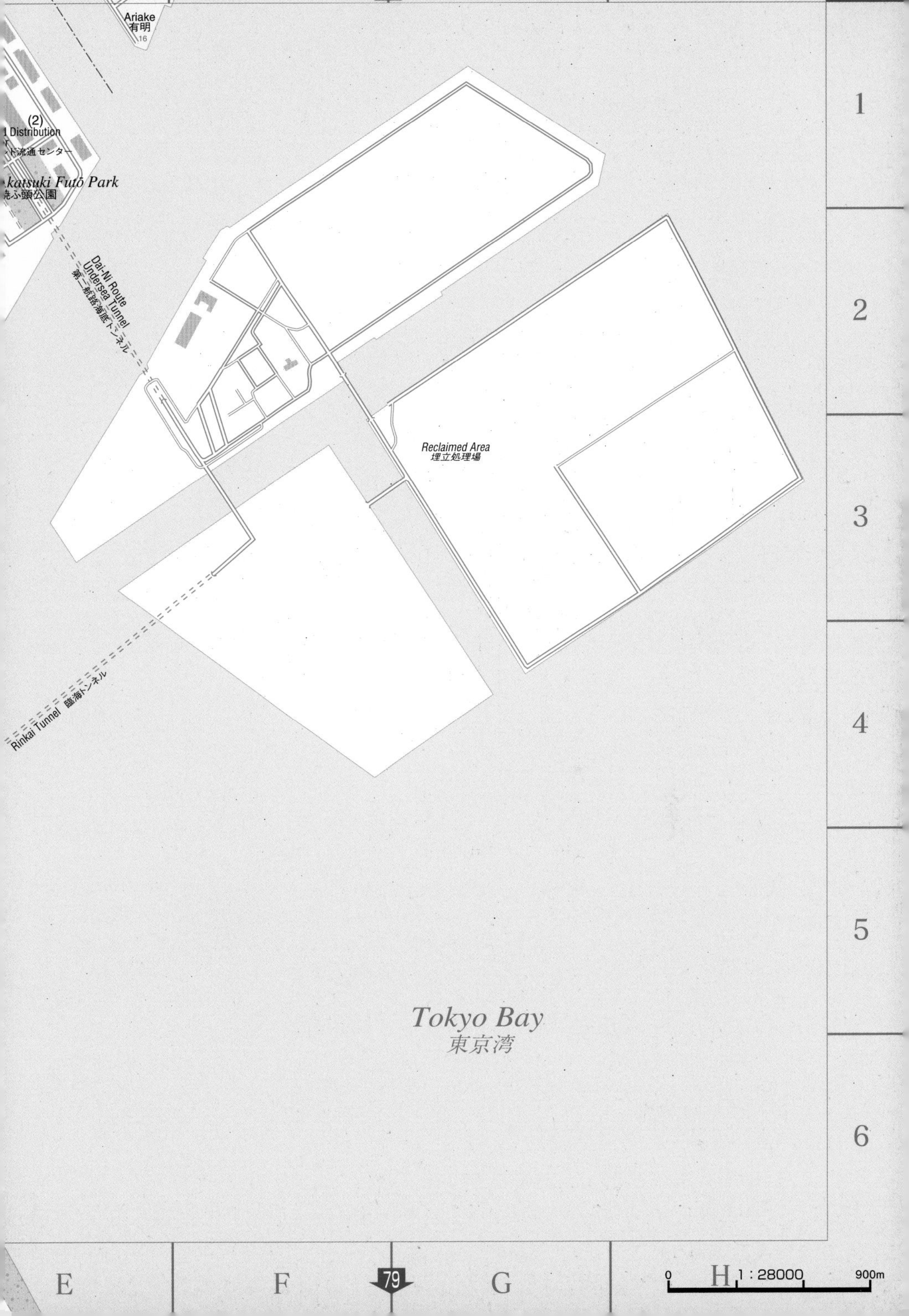

(4)
Tokyo Ferry Terminal
東京フェリーターミナル

Ariake
有明
16

(2)
1 Distribution
ド流通センター

katsuki Futô Park
きふ頭公園

Dai-Ni Route
Undersea Tunnel
第一航路海底トンネル

Rinkai Tunnel／臨海トンネル

Reclaimed Area
埋立処理場

Tokyo Bay
東京湾

1

2

3

4

5

6

E

F

G

H

0 1：28000 900m

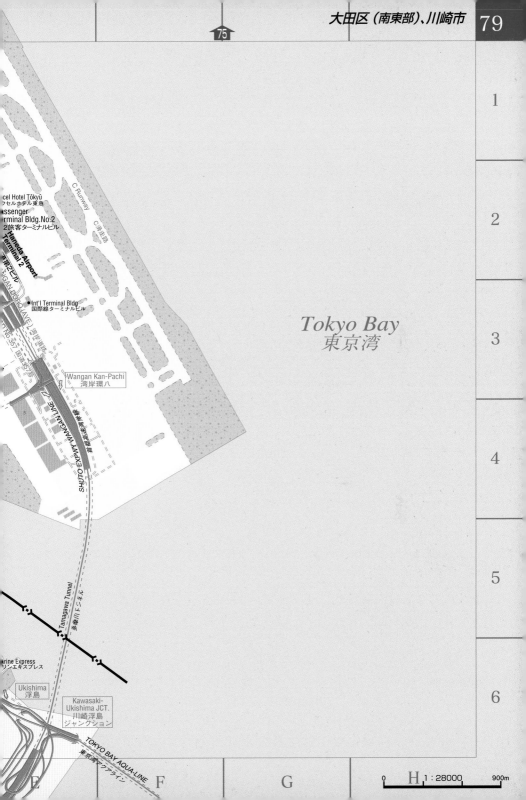

75

1

2

Tokyo Bay
東京湾

3

4

5

6

cel Hotel Tōkyū
フセルホテル東急
assenger
rminal Bldg.No.2
2旅客ターミナルビル

Hameda Airport
Terminal 2

Int'l Terminal Bldg
国際線ターミナルビル

Wangan Kan-Pachi
湾岸環八

SHUTO EXPWY WANGAN LINE
首都高速湾岸線

C Runway
C滑走路

Tamagawa Tunnel
多摩川トンネル

arine Express
リンエキスプレス

Ukishima
浮島

Kawasaki-
Ukishima JCT.
川崎浮島
ジャンクション

TOKYO BAY AQUA-LINE
東京湾アクアライン

E   F   G   H   1 : 28000   900m
0

Takatsu-ku 高津区
Musashi-Shinjō 武蔵新城
Musashi-Nakahara 武蔵中原
Nakahara-ku 中原区
Shin-Maruko 新丸子
Maruko-bashi (br.) 丸子橋

Tokyo-to 東京都
Ōmori 大森

Miyamae-ku 宮前区

Musashi-Kosugi 武蔵小杉

Ōta-ku 大田区

Kanagawa-ken 神奈川県

Mukai-gawara 向河原
Moto-Sumiyoshi 元住吉

Gas-bashi (br.)

Kamata 蒲田
Keikyū-Kamata 京急蒲田

Tsuzuki-ku 都筑区

Hirama 平間

Haneda 羽田

Tsuzuki 都筑

Hiyoshi 日吉
Keiō Univ. 慶應大
Shin-Kawasaki 新川崎
Kashimada 鹿島田
Saiwai-ku 幸区

Kōhoku-ku 港北区

Tsunashima 綱島

Kōhoku 港北

Ōkurayama 大倉山
Mitsuike Park 三ツ池公園

Yakō 矢向
Shitte 尻手
Kawasaki City Office 川崎市役所
Kawasaki 川崎

Kawasaki Race Course

Kawasaki Daishi 川崎大師

Kojima-Shinden 小島新田

Kikuna 菊名
Yokohama Arena 横浜アリーナ

Yokohama City 横浜市

Hatchō-Nawate 八丁畷
Kawasaki-ku 川崎区
Kawasaki City 川崎市

To Hachiōji 至八王子
Nissan Stadium 日産スタジアム

Shin-Yokohama 新横浜

Tsurumi 鶴見
Sōji-ji 総持寺

Hama-Kawasaki 浜川崎
Hama-Kawasaki 浜川崎
Shōwa 昭和

Port of Kawasaki 川崎港

Myōrenji 妙蓮寺

Tsurumi-ku 鶴見区

Kokudō 国道
Tsurumi-Ono 鶴見小野
Asano 浅野
Anzen 安善

Musashi-Shiraishi 武蔵白石
Ōgimachi 扇町

Ōshima Thermoelectric Power Plant

To Odawara 至小田原

Ōguchi 大口

Asahi Glass 旭硝子

Ōkawa 大川

Hakuraku 白楽

Kanagawa-ku 神奈川区
Kanagawa Univ. 神奈川大学

Shin-Koyasu 新子安

Shin-Shibaura 新芝浦
Tōshiba 東芝

Umi-Shibaura 海芝浦

Higashi-Ōgishima 東扇島

Higashi-Kanagawa 東神奈川

Kanagawa Shipmachi 神奈川新町
Kanagawa 神奈川

Nissan Motor 日産自動車

Yokohama National Univ. 横浜国立大学
Mitsuzawa 三ツ沢
Tanmachi 反町

Higashi-Kanagawa 東神奈川

Yokohama Thermoelectric Power Plant 横浜火力発電所

Tsurumi Tsubasa-bashi (br.) 鶴見つばさ橋

Hodogaya 保土ヶ谷

Nishi-ku 西区
Yokohama 横浜

Minato Mirai 21 みなとみらい21

Port of Yokohama 横浜港

Daikoku Futō 大黒ふ頭

Tobe 戸部
Landmark Tower ランドマークタワー
Sakuragichō 桜木町
Nogeyama Park 野毛山公園

Yokohama Bay Bridge 横浜ベイブリッジ

Kannai 関内
Chinatown 中華街

Yokohama City Office 横浜市役所
Ishikawachō 石川町

Yamashita Park 山下公園

Tokyo Bay 東京湾

Hodogaya 保土ヶ谷

Ferris University フェリス女学院大学

Honmoku Futō (wharf) 本牧ふ頭
Symbol Tower シンボルタワー

Minami-ku 南区

Yamate 山手
Naka-ku 中区

Honmoku Futō 本牧ふ頭

Negishi Forest Park 根岸森林公園
Sankei-en 三渓園

Mitsubishi Heavy Industries 三菱重工業

Keihin
京浜

Isogo-ku 磯子区

Negishi 根岸
Sankei-en 三渓園

Shin Nippon Oil 新日本石油

Kami-Ooka 上大岡

0   3Km   1 : 10500

Shinkō Park
kō Park

Minato Mirai (1)
とみらい一丁目
and Hall
ホール

fico Yokohama
国際平和会議場）

Kohama Grand
r-Continental Hotel
浜グランドインター
ンチネンタルホテル

-bashi (br.)
島

① Yokohama City Port Opening Meml Hall
　横浜市開港記念会館　E4
② Yokohama Archives of History
　横浜開港資料館　F4
③ Kanagawa Musm of Modern Literature
　神奈川近代文学館　H6

Shinkō Futō (wharf)
新港ふ頭

• Domestic Passenger Terminal
内航客船ターミナル

Port of Yokohama
横浜港

Shinkō (2)
新港二丁目

ⓗ Yokohama Marine Emergency Base
横浜海上防災基地

hama World Porters
ワールドポーターズ

Minato Mirai 21
(Shinkō Area)
みなとみらい21（新港地区）

Yokohama
ビオス横浜

Akarenga Park
赤レンガパーク

Shinkō (1)
新港一丁目

dōri
(apts)
26

Bankoku-bashi (br.)
万国橋

Yokohama Customhouse
ⓗ Shinkō Annex
税関新港分館

Grand Pier (Ōsanbashi Futō) 大さん橋ふ頭

na
Gov't

Kaigan-dōri
(4) 海岸通

Yūsen Bldg
郵船ビル

ⓟ Pref. Police
Dept (H.Q.)
県警察本部

Yokohama Int'l
Passenger Terminal
横浜港大さん橋国際客船ターミナル

Motohamachō
Kitanaka-dōri
本町
(3)

Honchō

Yokohama Customhouse
横浜税関

Marine Pol. Sta.
水上署

NHK • NIPPON-ODŌRI

Kanagawa
Pref. Office
神奈川県庁

Yamashita Futō
(wharf)
山下ふ頭

TEPCO
東電

District Court
地方裁判所

Silk Center
• シルクセンター

Silk Musm
シルク博物館

Hikawa-maru (ship)
氷川丸

Warehouse Area
倉庫区域

Nihon-Odōri
日本大通

Bank of Japan
日本銀行

Yokohama Port P.O.
横浜港郵便局

Trade Center
産業貿易センター

• Seabus Sta.
シーバスのりば

Naka-ku
中区

YMCA

Yokohama Media and
Communications Center
横浜情報文化センター
54

Hotel Continental Yokohama
ホテルコンチネンタル横浜

Kenmin Hall
県民ホール

Hotel New Grand
ホテルニューグランド

Summary Court
簡易裁判所

The Hotel Yokohama
ザ・ホテルヨコハマ

City Office
市役所

Naka Ward Office
区役所

Royal Hall Yokohama
ロイヤルホール横浜
57

Meidi-ya
明治屋
30

Star Hotel
スターホテル

Marine Tower
マリンタワー

Yokohama-Kōen
横浜公園

NTT

Holiday Inn
ホリデイ・イン
92

Kita-mon
北門 201

Higashi-mon
東門 (gate)

Mielparque
Yokohama
メルパルク横浜

Yokohama
Doll Musm
横浜人形の家

Yokohama
Stadium
横浜スタジアム

Kagachō
加賀町署

NTT
200

ŌDŌRI 大通り
185

China Town
(Chūka-gai)
中華街

Zenrin-mon
善隣門

Kantei-byō 中華街
関帝廟

Escal Yokohama
エスカル横浜
104

Yokohama
TV Kanagawa
テレビ神奈川

Family Court
家庭裁判所

YWCA

Garden
ガーデン

Yokohama
Chinese Sch.
横浜中華学院

Yamashitachō
山下町

Shin-Yamashita (1)
新山下一丁目

Minato
H. Sch.
横浜高

Yamashitachō
山下町

Minami-mon
南門

Motomachi Plaza
元町プラザ

Kotobukichō
寿町

Matsukagechō
(1) 松影町

Minato Jr. H. Sch.
港中

Yokohama Central Hosp.
横浜中央病院
117

MOTOMACHI-DŌRI (3)
Motomachi
元町

Minato
miemoka Park

Yamatechō
山手町

Yoshi-
hamachō
吉浜町

Hon-kawa (River) 堀川

SHUTO EXPWY KANAGAWA NO.3 KARIBA LINE
首都高速神奈川3号狩場線

Foreigners'
Cemetery
外国人墓地

Joypolis
ジョイポリス

Ishikawachō JC
石川町JC

Meteorological
Observatory
気象台
246

Iwasaki
Musm
岩崎博物館

Jirō Ōsaragi
Meml Musm
大佛次郎記念館

Kotobukichō
寿町

Ishikawachō
石川町

1 : 12500
0 ───── 600m

E　F　G　H

INDEX　索引

For hotels and inns, airlines and embassies, see the Supplemental Indexes.
ホテル・旅館、航空会社、外国公館は、巻末の補遺をご参照ください。

Airlines 航空会社 … 124
Embassies 外国公館 … 122
Hotels and Inns ホテル・旅館 … 119

109 (Ichimarukyū, One-Oh-Nine)　109　30　B4

A

abc Hall　abc会館　13　E5
Ace World Bag & Luggage Museum　エース世界のバッグ＆ラゲージ館　23　G5
Acrocity　アクロシティ　51　E4
Adachi 1–4 (Adachi-ku)　足立1～4丁目 (足立区)　51　G1
Adachi Kita Post Office　足立北郵便局　43　F4
Adachi-ku　足立区　42　44　51　52
Adachi Nishi Post Office　足立西郵便局　42　D6
Adachi-Odai Station　足立小台駅　50　C2
Adachi Post Office　足立郵便局　51　G4
Adachi Ward Office　足立区役所　43　F6
Agebachō (Shinjuku-ku)　揚場町 (新宿区)　58　A2
Agency of Natural Resources and Energy　資源エネルギー庁　17　G5
AIG Building　AIGビル　8　C3
Aiiku Hospital　愛育病院　33　E1
Aikidō World Headquarter (Aikidō Honbu Dōjō)　合気道本部道場　57　F3
Aioi-bashi (bridge)　相生橋　59　E6
Aioichō (Itabashi-ku)　相生町 (板橋区)　40　C6
Aioichō 1–6 (Yokohama City)　相生町1～6丁目 (横浜市)　83　E4
Aioi Insurance (H.O.)　あいおい損保 (本社)　33　H6
Airlines 航空会社 (→p124)
Aizumichō (Shinjuku-ku)　愛住町 (新宿区)　57　G4
Ajinomoto (H.O.)　味の素 (本社)　9　F6
Akabane 1–3 (Kita-ku)　赤羽1～3丁目 (北区)　41　G5
Akabanedai 1–4 (Kita-ku)　赤羽台1～4丁目 (北区)　41　F5
Akabanebashi Station (subway)　赤羽橋駅 (地下鉄)　15　F1
Akabane-Iwabuchi Station (subway)　赤羽岩淵駅 (地下鉄)　41　G5
Akabane-Kita 1–3 (Kita-ku)　赤羽北1～3丁目 (北区)　41　E5
Akabane-Minami 1–2 (Kita-ku)　赤羽南1～2丁目 (北区)　41　G6
Akabane-Nishi 1–6 (Kita-ku)　赤羽西1～6丁目 (北区)　41　F6
Akabane Post Office　赤羽郵便局　41　G1
Akabane Station　赤羽駅　41　G6
Akado-Shōgakkomae　赤土小学校前　50　C4
Akagimotomachi (Shinjuku-ku)　赤城元町 (新宿区)　57　H2
Akagishitamachi (Shinjuku-ku)　赤城下町 (新宿区)　57　H2
Akamon (gate)　赤門　58　B1
Akamonchō 1–2 (Yokohama City)　赤門町1～2丁目 (横浜市)　82　A5
Akarenga Park　赤れんがパーク　83　F3
Akasaka 1–9 (Minato-ku)　赤坂1～9丁目 (港区)　57　H6
Akasaka Center Building　赤坂センタービル　16　A3
Akasaka Community Plaza　赤坂コミュニティプラザ　16　A3
Akasakamitsuke Station (subway)　赤坂見附駅 (地下鉄)　16　B3
Akasaka Park Building　赤坂パークビル　16　A5
Akasaka Post Office　赤坂郵便局　29　H4

Akasaka Press Center (Hardy Barracks)　赤坂プレスセンター (ハーディーバラックス)　32　A2
Akasaka Station (subway)　赤坂駅 (地下鉄)　16　B5
Akasaka Tameike Tower　赤坂溜池タワー　16　C5
Akasaka Twin Tower　赤坂ツインタワー　16　C6
Akashichō (Chūō-ku)　明石町 (中央区)　58　D6
Akatsuka 1–8 (Itabashi-ku)　赤塚1～8丁目 (板橋区)　39　H6
Akatsuka Park　赤塚公園　40　A5
Akatsuka-Shinmachi 1–3 (Itabashi-ku)　赤塚新町1～3丁目 (板橋区)　39　G6
Akatsuki Futō Park　暁ふ頭公園　75　E1
Akatsutsumi 1–5 (Setagaya-ku)　赤堤1～5丁目 (世田谷区)　63　G2
Akebonobashi Station (subway)　曙橋駅 (地下鉄)　57　G4
Akebonochō 1–5 (Yokohama City)　曙町1～5丁目 (横浜市)　82　C6
Akihabara (Taitō-ku)　秋葉原 (台東区)　21　H2
Akihabara Electrical Store Area　秋葉原電気街　21　G3
Akihabara Station　秋葉原駅　21　H3
Alive Mitake Building　アライブ美竹ビル　31　F3
Alpa (shopping complex)　アルパ　25　F4
Alta (Studio ALTA)　スタジオアルタ　27　F2
Amanuma 1–3 (Suginami-ku)　天沼1～3丁目 (杉並区)　55　F2
Amazing Square　アメージングスクエア　51　G4
American Center　アメリカンセンター　13　E5
American Club　アメリカンクラブ　15　E2
American Express　アメリカンエキスプレス　55　F2
Ameya Yokochō (Ameyoko)　アメヤ横丁 (アメ横)　22　B5
Ana Hachiman (shrine)　穴八幡　57　F2
Anamori-Inari Station　穴守稲荷駅　78　A2
Ancient Orient Museum　古代オリエント博物館　25　G5
Aobadai 1–4 (Meguro-ku)　青葉台1～4丁目 (目黒区)　64　D2
Aoba Roppongi Building　青葉六本木ビル　14　C4
Aoi　青井　43　H6
Aoi 1–6 (Adachi-ku)　青井1～6丁目 (足立区)　43　G6
Aomi 1–2 (Kōtō-ku)　青海1～2丁目 (江東区)　66　D6
Aomi Distribution Center　青海流通センター　74　D2
Aomi Station　青海駅　66　D6
Aomono-Yokochō Station　青物横丁駅　74　A1
Aoto 1–8 (Katsushika-ku)　青戸1～8丁目 (葛飾区)　52　C3
Aoto Station　青砥駅　52　C3
Aoyama Bell Commons　青山ベルコモンズ　29　E5
Aoyama Book Center　青山ブックセンター　14　C6
Aoyama Building　青山ビル　29　G4
Aoyama Cemetery (Aoyama Reien)　青山霊園　29　G6
Aoyama Funeral Hall　青山斎場　65　G1
Aoyama Gakuin University　青山学院大学　31　G3
Aoyama-Itchōme Station (subway)　青山一丁目駅 (地下鉄)　29　H4
Aoyama Metro Hall　青山メトロ会館　29　E6
Aoyama Park Tower　青山パークタワー　31　E3
Aoyama Plaza Building　青山プラザビル　29　E5
Aoyama Theater　青山劇場　31　F3
Aqua City　アクアシティ　66　C5
Arai 1–5 (Nakano-ku)　新井1～5丁目 (中野区)　56　A1
Arai-Yakushi (temple)　新井薬師　56　B1
Arai-Yakushimae Station　新井薬師前駅　56　B1
Arakawa 1–8 (Arakawa-ku)　荒川1～8丁目 (荒川区)　50　D4
Arakawa Itchūmae Station　荒川一中前駅　51　E5

Arakawa-ku　荒川区　50
Arakawa Kuyakushomae Station　荒川区役所前駅　51 E5
Arakawa Nanachōme Station　荒川七丁目駅　50 D4
Arakawa Natural Park　荒川自然公園　51 E4
Arakawa Nichōme Station　荒川二丁目駅　50 D4
Arakawa-Ōhashi (bridge)　荒川大橋　60 C3
Arakawa Post Office　荒川郵便局　50 D4
Arakawa Shakomae Station　荒川車庫前駅　50 B3
Arakawa Ward Office　荒川区役所　50 D4
Arakawa-Yūen (park)　あらかわ遊園　50 B2
Arakawa Yūenchimae Station　荒川遊園地前駅　50 B3
Arakichō (Shinjuku-ku)　荒木町 (新宿区)　57 G4
Arca Central　アルカセントラル　37 E4
Arcadia Ichigaya　アルカディア市ヶ谷 (私学会館)　18 D3
Arca East　アルカイースト　37 F4
Arca Towers　アルカタワーズ　37 E4
Ariake 1–4 (Kōtō-ku)　有明1〜4丁目 (江東区)　67 E5
Ariake Colosseum　有明コロシアム　67 E4
Ariake Station　有明駅　67 E5
Ariake Tennis-no-mori Park　有明テニスの森公園　67 E4
Ariake Tennis-no-mori Station　有明テニスの森駅　67 E4
Arisugawanomiya Kinen Kōen (Prince Arisugawa Meml Park)
　有栖川宮記念公園　33 F2
Ark Hills　アークヒルズ　14 A2
Ark Mori Building　アーク森ビル　14 A3
Ark Towers　アークタワーズ　14 B2
Art Sphere (theater)　アート スフィア (シアター)　37 G1
Asagaya-Kita 1–6 (Suginami-ku)　阿佐谷北1〜6丁目 (杉並区)　55 G1
Asagaya-Minami 1–3 (Suginami-ku)　阿佐谷南1〜3丁目 (杉並区)
　55 G2
Asagaya Station　阿佐ヶ谷駅　55 G2
Asahi Breweries (H.O.)　アサヒビール (本社)　23 H4
Asahi Building　あさひビル　10 D4
Asahichō 1–3 (Nerima-ku)　旭町1〜3丁目 (練馬区)　47 F1
Asahigaoka 1–2 (Nerima-ku)　旭丘1〜2丁目 (練馬区)　48 C5
Asahi Newspapers　朝日新聞　66 C1
Asahi Seimei Building　朝日生命ビル　26 D3
Asaka City (Saitama-ken)　朝霞市 (埼玉県)　38
Asaka City Office　朝霞市役所　38 C3
Asakadai Station　朝霞台駅　38 C1
Asaka Station　朝霞駅　38 D3
Asakura Chōso Museum　朝倉彫塑館　50 C6
Asakusa 1–7 (Taitō-ku)　浅草1〜7丁目 (台東区)　59 E1
Asakusabashi 1–5 (Taitō-ku)　浅草橋1〜5丁目 (台東区)　58 D3
Asakusabashi Station　浅草橋駅　58 D3
Asakusa Bunka Kankō Center (Tourist Information Center／
　Asakusa)　浅草文化観光センター　23 G3
Asakusa Chūei (cinema)　浅草中映 (映画)　23 F2
Asakusa Engei Hall　浅草演芸ホール　23 F2
Asakusa-jinja (shrine)　浅草神社　23 G1
Asakusa Post Office　浅草郵便局　23 G3
Asakusa Public Hall　浅草公会堂　23 G3
Asakusa Shingekijō (cinema)　浅草新劇場　23 F2
Asakusa Station (subway)　浅草駅 (地下鉄)　23 G4
Asakusa Tōhō (cinema)　浅草東宝　23 F2
Asakusa Tourist Information Center　浅草文化観光センター　23 G3
Asukayama Museum　飛鳥山博物館　49 H3
Asukayama Park　飛鳥山公園　49 H3
Asukayama Station　飛鳥山駅　49 H3

Atago 1–2 (Minato-ku)　愛宕1〜2丁目 (港区)　66 A1
Atago-jinja (shrine)　愛宕神社　12 A5
Athénée Français　アテネフランセ　20 C2
Atre Ebisu　アトレ恵比寿　36 A1
Auto Wave　オートウェーブ　66 D2
Aviation Building　航空会館　10 A5
AXA Life Insurance (H.O.)　アクサ生命　31 F5
AXIS Building　AXISビル　14 D4
Ayase 1–7 (Adachi-ku)　綾瀬1〜7丁目 (足立区)　51 H1
Ayase Station　綾瀬駅　51 H1
Azabudai 1–3 (Minato-ku)　麻布台1〜3丁目 (港区)　65 H1
Azabu-Jūban 1–4 (Minato-ku)　麻布十番1〜4丁目 (港区)　15 F4
Azabu-Jūban Onsen (spa)　麻布十番温泉　15 E5
Azabu-Jūban Station (subway)　麻布十番 (地下鉄)　15 E4
Azabu-Mamianachō (Minato-ku)　麻布狸穴町 (港区)　14 D3
Azabu-Nagasakachō (Minato-ku)　麻布永坂町 (港区)　15 E4
Azabu Post Office　麻布郵便局　14 D2
AZALEA (underground arcade)　アゼリア (地下街)　81 F2
Azuma-bashi (bridge)　吾妻橋　23 H4
Azumabashi 1–3 (Sumida-ku)　吾妻橋1〜3丁目 (墨田区)　59 F1
Azumabashi Hall　吾妻橋ホール　23 H4
Azumagaoka (Yokohama City)　東ヶ丘 (横浜市)　82 B5
Azusawa 1–4 (Itabashi-ku)　小豆沢1〜4丁目 (板橋区)　41 E6

B

Babashitachō (Shinjuku-ku)　馬場下町 (新宿区)　57 G2
Baiku Town (Motorcycle Town)　バイクタウン　22 D3
Baji Kōen　馬事公苑　63 G4
Bakurochō Station　馬喰町駅　58 D3
Bakuro-Yokoyama Station (subway)　馬喰横山駅 (地下鉄)　58 D4
Bandaichō 1–3 (Yokohama City)　万代町1〜3丁目 (横浜市)　82 D6
Bank Hall　銀行会館　8 C3
Bank of Japan (H.O.)　日本銀行 (本店)　9 F7
Bank of Tokyo Mitsubishi UFJ (H.O.)　三菱東京UFJ銀行 (本店)　8 C6
Bank of Yokohama (H.O.)　横浜銀行 (本店)　82 C2
Barrister Association Hall　弁護士会館　17 H4
Bashamichi　馬車道　82 D4
Bashō Meml Hall　芭蕉記念館　59 E4
Beer Museum Ebisu　恵比寿・麦酒記念館　36 C2
Belle Vie Akasaka　ベルビー赤坂　16 B2
Bengoshi Kaikan (Barrister Association Hall)　弁護士会館　17 H4
Bentenchō (Shinjuku-ku)　弁天町 (新宿区)　57 G2
Benten-dō　弁天堂　22 A4
Benten-dōri 1–6 (Yokohama City)　弁天通1〜6丁目 (横浜市)　83 E4
BIG BIRD (Haneda Airport)　ビッグバード (羽田空港)　78 D2
Big Egg (Tokyo Dome)　ビッグエッグ (東京ドーム)　58 A2
Big Sight (Tokyo Int'l Exhibition Hall)　東京国際展示場 (東京ビッグ
　サイト)　67 E5
Board of Audit　会計検査院　17 F5
Bōeishō (Defense Ministry)　防衛省　18 D6
Bōeki Center Building (World Trade Center Bldg)　世界貿易センター
　ビル　13 E2
Bokutō Hospital　都立墨東病院　37 H6
Book Center Libro　ブックセンターリブロ　24 D5
Boroichi-dōri　ボロ市通り　63 H4
Botan 1–3 (Kōtō-ku)　牡丹1〜3丁目 (江東区)　59 F6
Braille Library　日本点字図書館　57 E1
Bridgestone Museum of Art　ブリヂストン美術館　9 F6
British Council　ブリティッシュカウンシル　18 A2

Budōkan (Nippon Budō-kan)　日本武道館　20　A5
Bungei Shunjū　文芸春秋　19　H4
Bunka 1–3 (Sumida-ku)　文花1〜3丁目 (墨田区)　59　H1
Bunka Gakuen Costume Museum　文化学園服飾博物館　26　C6
Bunkamura　30　A4
Bunka Women's University　文化女子大学　26　C5
Bunkyō Green Court　文京グリーンコート　50　A5
Bunkyō-ku　文京区　49　50　57　58
Bunkyō Sports Center　文京スポーツセンター　49　H6
Bunkyō Ward Office　文京区役所　58　A2
BYGS Shinjuku Building　ビッグス新宿ビル　27　H3

C
Cabinet Library (Naikaku Bunko)　内閣文庫　8　B2
Cabinet Office　内閣府　17　E4
Camp Zama　米陸軍キャンプ座間　84　C5
Caretta Shiodome　カレッタ汐留　10　D6
Carrot Tower　キャロットタワー　64　B3
Casals Hall　カザルスホール　21　E4
Central Building　セントラルビル　10　A4
Century Tower　センチュリータワー　20　D1
Cerulean Tower　セルリアンタワー　30　C6
Chanter Cine　シャンテシネ　10　C2
Chichibunomiya Kinen Sports Hakubutsukan (Prince Chichibu Meml Sports Musm)　秩父宮記念スポーツ博物館　29　E1
Chichibunomiya Kinen Sports Toshokan (Prince Chichibu Meml Sports Library)　秩父宮記念スポーツ図書館　28　D2
Chichibunomiya Rugby-jō (Prince Chichibu Meml Rugby Football Ground)　秩父宮ラグビー場　29　F4
Chidori 1–3 (Ōta-ku)　千鳥1〜3丁目 (大田区)　72　D6
Chidorigafuchi National Meml Garden　千鳥ヶ淵戦没者墓苑　19　E1
Chidori Post Office　千鳥郵便局　72　D6
Chihaya 1–4 (Toshima-ku)　千早1〜4丁目 (豊島区)　48　D5
Chihiro Art Museum of Picture Books　ちひろ美術館　46　D5
Chikatetsu-Akatsuka Station (subway)　地下鉄赤塚駅　39　H6
Chikatetsu-Narimasu Station (subway)　地下鉄成増駅　39　G6
China Town (Yokohama)　中華街 (横浜)　83　G5
Chitose 1–3 (Sumida-ku)　千歳1〜3丁目 (墨田区)　59　E4
Chitosedai 1–6 (Setagaya-ku)　千歳台1〜6丁目 (世田谷区)　63　E2
Chitose-Funabashi Station　千歳船橋駅　63　F3
Chitose-Karasuyama Station　千歳烏山駅　62　D1
Chitose Post Office　千歳郵便局　63　G3
Chiyoda (Chiyoda-ku)　千代田 (千代田区)　58　B4
Chiyoda Building　代代田ビル　8　C5
Chiyoda Hōsō Kaikan　千代田放送会館　16　C1
Chiyoda-ku　千代田区　57　58
Chiyoda Public Hall　千代田区公会堂　20　A5
Chiyoda Ward Gymnasium　千代田区総合体育館　8　D1
Chiyoda Ward Office　千代田区役所　20　A5
Chōfu City　調布市　54　62
Chōjamachi 1–9 (Yokohama City)　長者町1〜9丁目 (横浜市)　82　D6
Chōkoku-ji (Eihei-ji Tokyo branch temple)　長谷寺 (永平寺東京別院)　32　A5
Chōmei-ji (temple)　長命寺　47　E4
Chūka-gai／Yokohama (China Town／Yokohama)　中華街 (横浜)　83　G5
Chūō 1–2 (Yokohama City)　中央1〜2丁目 (横浜市)　82　A2
Chūō 1–4 (Edogawa-ku)　中央1〜4丁目 (江戸川区)　60　D2
Chūō 1–5 (Nakano-ku)　中央1〜5丁目 (中野区)　56　C3

Chūō 1–8 (Ōta-ku)　中央1〜8丁目 (大田区)　73　F5
Chūōchō 1–2 (Meguro-ku)　中央町1〜2丁目 (目黒区)　64　D5
Chūō-Honchō 1–5 (Adachi-ku)　中央本町1〜5丁目 (足立区)　43　G6
Chūōkōron-Shinsha　中央公論新社　9　F6
Chūō-ku　中央区　58　66
Chūō Mitsui Trust (H.O.)　中央三井信託 (本店)　13　G5
Chūō Ōhashi (bridge)　中央大橋　58　D6
Chūō University (Sci. & Tech.)　中央大学 (理工学部)　58　A2
Chūō Ward Office　中央区役所　11　H4
Church of Jesus Christ　末日聖徒イエス・キリスト教会　33　F2
CIAL　シアル　81　G4
Cine Amuse　シネアミューズ　30　A4
Cinecitta'　チネチッタ　81　F2
Cinegrande　チネグランデ　81　E3
Cine Libre Ikebukuro　シネ・リーブル池袋　24　C4
Cinema Rise　シネマライズ　30　B3
Cinema Sunshine　シネマサンシャイン　25　E4
Cine Palace　シネパレス　30　C3
Cine Saison　シネセゾン　30　B4
Cine Switch　シネスイッチ　11　E3
CI Plaza　CIプラザ　29　F4
Citicorp Center　シティコープ センター　37　G1
Coca-Cola (Japan)　日本コカ・コーラ　31　H5
Common Government Bldg No. 1　合同庁舎1号館　17　G4
Common Government Bldg No. 2　合同庁舎2号館　17　G3
Common Government Bldg No. 3　合同庁舎3号館　17　G3
Common Government Bldg No. 4　合同庁舎4号館　17　F4
Common Government Bldg No. 5　合同庁舎5号館　17　H4
Common Government Bldg No. 6　合同庁舎6号館　17　H3
Common Government Bldg Jinnan　神南合同庁舎　30　C1
Common Government Bldgs Ōtemachi　大手町合同庁舎　8　C1
Communications Museum　通信総合博物館　8　D2
Construction Hall　建築会館　13　H6
Coredo Nihonbashi　コレド日本橋　9　G4
Cosmos Aoyama　コスモス青山　31　F2
Crown Prince's Residence　東宮御所　29　H2
CS Tower　CSタワー　14　A2
Currency Museum　貨幣博物館　9　F3

D
Daiba (Minato-ku)　台場 (港区)　66　C5
Daiba Station　台場駅　66　C6
Daien-ji (temple)　大円寺　65　F5
Dai-Ichi Seimei Building　第一生命ビル　10　C1
Dai-Ichi Seimei Sōgokan　第一生命相互館　11　G1
Daikan'yamachō (Shibuya-ku)　代官山町 (渋谷区)　65　E2
Daikan'yama Station　代官山駅　65　E3
Daikoku Futō　大黒ふ頭　80　B5
Daikyōchō (Shinjuku-ku)　大京町 (新宿区)　57　F5
Daimaru Dept Store　大丸　9　E5
Daimon (Itabashi-ku)　大門 (板橋区)　39　H5
Daimon Station (subway)　大門駅 (地下鉄)　12　D3
Daimyō Clock Museum　大名時計博物館　50　C6
Dai Nippon Printing　大日本印刷　18　B6
Dai-Ni Tamachi Building　第2町目ビル　13　H5
Dai-San Daiba Historical Park　第三台場史蹟公園　66　C5
Dai-San Kanku Kaijōhoan Honbu (No. 3 District Maritime Safety Agency／H.Q.)　第3管区海上保安本部　78　B1
Daishimae Station　大師前駅　42　D5

Daishi Park 大師公園 77 H5
Daita 1–6 (Setagaya-ku) 代田1～6丁目 (世田谷区) 64 A2
Daitabashi Station 代田橋駅 56 A6
Daitō Bunka University 大東文化大学 40 B5
Daiwa Securities 大和証券 9 F3
Daizawa 1–5 (Setagaya-ku) 代沢1～5丁目 (世田谷区) 64 B2
Decks Tokyo Beach デックス東京ビーチ 66 D5
Defense Ministry 防衛省 18 D6
Democratic Party of Japan 民主党 16 D2
Denbō-in (temple) 伝法院 23 G2
Den'en Chōfu 1–5 (Ōta-ku) 田園調布1～5丁目 (大田区) 72 B3
Den'en Chōfu Honchō (Ōta-ku) 田園調布本町 (大田区) 72 C4
Den'en Chōfu Minami (Ōta-ku) 田園調布南 (大田区) 72 B5
Den'en Chōfu Post Office 田園調布郵便局 72 C4
Den'en Chōfu Station 田園調布駅 72 B3
Denki Building 電気ビル 10 D2
Denpatsu Building でんぱつビル 11 F5
Denryokukan (TEPCO Electric Energy Musm) 電力館 30 C2
Dentsū Inc. (H.O.) 電通 (本社) 12 A1
Development Bank of Japan 日本政策投資銀行 08 C1
Diamond Corp. ダイヤモンド社 17 G5
Diet Press Center 国会記者会館 17 E4
Diplomatic Records Office 外交史料館 14 D3
Display House of the 5th Fukuryū-maru (No. 5 Fukuryū-maru
    Exhibition Hall) 第五福竜丸展示館 67 H2
DN Tower 21 DNタワー21 10 D1
Dōgenzaka 1–2 (Shibuya-ku) 道玄坂1～2丁目 (渋谷区) 65 E2
Doitsugo Fukuin Kyōkai (German Speaking Evangelical Church)
    ドイツ語福音教会 35 F3
Doshida 1–4 (Nerima-ku) 土支田1～4丁目 (練馬区) 47 E1
Drum Museum 太鼓館 23 F3

East Gardens of the Imperial Palace 皇居東御苑 8 A2
East Roppongi Building イースト六本木ビル 14 C4
Ebara 1–7 (Shinagawa-ku) 荏原1～7丁目 (品川区) 73 E1
Ebara Hospital 都立荏原病院 72 D3
Ebaramachi Station 荏原町駅 73 F2
Ebara-Nakanobu Station 荏原中延駅 73 F1
Ebara Post Office 荏原郵便局 73 F1
Ebisu 1–4 (Shibuya-ku) 恵比寿1～4丁目 (渋谷区) 65 F3
Ebisu-Bakushu Kinenkan (Beer Musm Ebisu) 恵比寿・麦酒記念館
    36 C2
Ebisu Garden Cinema 恵比寿ガーデンシネマ 36 C3
Ebisu Garden Place 恵比寿ガーデンプレイス 36 B3
Ebisu-Minami 1–3 (Shibuya-ku) 恵比寿南1～3丁目 (渋谷区) 65 F3
Ebisu-Nishi 1–2 (Shibuya-ku) 恵比寿西1～2丁目 (渋谷区) 65 E3
Ebisu Station 恵比寿駅 36 A1
Edagawa 1–3 (Kōtō-ku) 枝川1～3丁目 (江東区) 67 F2
Edobashi Junction 江戸橋ジャンクション 9 H4
Edogawa 1–6 (Edogawa-ku) 江戸川1～6丁目 (江戸川区) 61 G4
Edogawabashi Station (subway) 江戸川橋駅 (地下鉄) 57 H2
Edogawa Boat Race Course 江戸川競艇場 60 C4
Edogawa-ku 江戸川区 53 61 68
Edogawa Post Office 江戸川郵便局 60 C2
Edogawa Station 江戸川駅 53 F4
Edogawa Ward Office 江戸川区役所 60 D2
Edo Shitamachi Traditional Craft Museum 江戸下町伝統工芸館
    23 F1

Edo-Tokyo Museum 江戸東京博物館 59 F3
Egota 1–4 (Nakano-ku) 江古田1～4丁目 (中野区) 48 B6
Eharachō 1–3 (Nakano-ku) 江原町1～3丁目 (中野区) 48 B5
Eifuku 1–4 (Suginami-ku) 永福1～4丁目 (杉並区) 55 H6
Eifukuchō Station 永福町駅 55 H6
Eirakuchō 1–2 (Yokohama City) 永楽町1～2丁目 (横浜市) 82 C6
Eitai 1–2 (Kōtō-ku) 永代1～2丁目 (江東区) 59 E6
Eitai-bashi (bridge) 永代橋 59 E6
Ekimae-Honchō (Kawasaki City) 駅前本町 (川崎市) 81 F1
Ekoda Station 江古田駅 48 B4

Embassies 外国公館 (→p122)
Embassies Bldg (Kōwa Building No. 38) 興和ビル38 (大使館ビル)
    32 B3
Enokichō (Kawasaki City) 榎町 (川崎市) 81 H1
Enokichō (Shinjuku-ku) 榎町 (新宿区) 57 G2
Enten-ji (temple) 炎天寺 43 E5
Enyū-ji (temple) 円融寺 64 D6
Etchūjima 1–3 (Kōtō-ku) 越中島1～3丁目 (江東区) 67 F1
Etchūjima Station 越中島駅 67 E1
Euro Space (cinema) ユーロスペース (映画) 30 C6

Film Center フィルムセンター 11 G1
Financial Services Agency 金融庁 17 F4
Fisheries Museum 水産資料館 66 A5
Fish Museum おさかな資料館 66 C1
Flags フラッグス 27 F3
FM Tokyo (Tokyo FM) FM東京 19 G1
Folk Museum of Suginami 杉並郷土博物館 55 H4
Foreigners Cemetery 外国人墓地 83 H6
Franciscan Chapel Center フランシスカン チャペルセンター 14 B5
Fudōmae Station 不動前駅 65 F6
Fuji Building 富士ビル 8 C6
Fuji Fire & Marine Insurance Bldg 富士火災ビル 11 G3
Fujimi 1–2 (Chiyoda-ku) 富士見1～2丁目 (千代田区) 18 B1
Fujimichō (Itabashi-ku) 富士見町 (板橋区) 49 E1
Fujimichō (Yokohama City) 富士見町 (横浜市) 82 D6
Fujimidai 1–4 (Nerima-ku) 富士見台1～4丁目 (練馬区) 47 F4
Fujimidai Station 富士見台駅 47 G5
Fujimigaoka Station 富士見ヶ丘駅 54 D5
Fuji Photo Film (H.O.) 富士写真フイルム (本社) 32 B5
Fuji Television フジテレビ 59 D5
Fukagawa 1–2 (Kōtō-ku) 深川1～2丁目 (江東区) 59 E5
Fukagawa Edo Museum 深川江戸資料館 59 F5
Fukagawa Fudōson 深川不動尊 59 F6
Fukagawa Post Office 深川郵便局 59 H6
Fukazawa 1–8 (Setagaya-ku) 深沢1～8丁目 (世田谷区) 64 A6
Fukoku Seimei Building フコク生命ビル 10 A4
Fukuromachi (Shinjuku-ku) 袋町 (新宿区) 18 A3
Fukutomichō-Higashi-dōri (Yokohama City) 福富町東通 (横浜市)
    82 C5
Fukutomichō-Naka-dōri (Yokohama City) 福富町仲通 (横浜市)
    82 C5
Fukutomichō-Nishi-dōri (Yokohama City) 福富町西通 (横浜市)
    82 C5
Fukuzumi 1–2 (Kōtō-ku) 福住1～2丁目 (江東区) 59 E6
Funabashi 1–7 (Setagaya-ku) 船橋1～7丁目 (世田谷区) 63 F2
Funabori 1–7 (Edogawa-ku) 船堀1～7丁目 (江戸川区) 60 D5
Funabori Station (subway) 船堀駅 (地下鉄) 60 D5

Funado 1–4 (Itabashi-ku)　舟渡1〜4丁目 (板橋区)　40　C4
Funamachi (Shinjuku-ku)　舟町 (新宿区)　57　G4
Fune-no-Kagakukan (Musm of Maritime Science)　船の科学館　66　C6
Fune-no-Kagakukan Station　船の科学館駅　66　C6
Furansujin Gakkō (Lycée Franco-Japonais)　フランス人学校　58　A3
Furniture Museum　家具の博物館　66　D2
Furōchō 1–3 (Yokohama City)　不老町1〜3丁目 (横浜市)　82　D6
Furuishiba 1–3 (Kōtō-ku)　古石場1〜3丁目 (江東区)　59　F6
Fussa City　福生市　84
Fussa City Office　福生市役所　84　A6
Fussa Post Office　福生郵便局　84　A6
Fussa Station　福生駅　84　A6
Futaba 1–4 (Shinagawa-ku)　二葉1〜4丁目 (品川区)　73　G2
Futabachō (Itabashi-ku)　双葉町 (板橋区)　49　E2
Futako-Shinchi Station　二子新地駅　71　F2
Futako-Tamagawa Station　二子玉川駅　71　F1
Fuyuki (Kōtō-ku)　冬木 (江東区)　59　F6

G

Gadelius Building　ガデリウスビル　16　A4
Gaiemmae Station (subway)　外苑前駅 (地下鉄)　29　F5
Gaikokujin Bochi (Foreigners Cemetery)　外国人墓地　83　H6
Gaikō Shiryōkan (Diplomatic Records Office)　外交史料館　14　D3
Gaimushō (Min. of Foreign Affairs)　外務省　17　F4
Gaimushō Iikura Kōkan (Min. of Foreign Affairs Iikura Kōkan)　外務省飯倉公館　14　D3
Gakugei-Daigaku Station　学芸大学駅　64　C5
Gakujutsu Sōgō Center (National Center of Sciences)　学術総合センター　20　C6
Gakushi Kaikan　学士会館　20　C5
Gakushūin-shita Station　学習院下駅　57　F1
Gakushūin University　学習院大学　49　F6
Gakushūin Women's University　学習院女子大学　57　F2
Ganken Byōin (Japanese Foundation for Cancer Research Ariake Hosp.)　癌研有明病院　67　F5
Garasu-no-hon no Hakubutsukan (Glass Book Museum)　硝子の本の博物館　37　H4
Gas Science Center　ガスの科学館　66　D3
Gate City Ōsaki　ゲートシティ大崎　65　H6
Geihinkan (State Guesthouse)　迎賓館　19　H6
German Speaking Evangelical Church　ドイツ語福音教会　35　F3
Ginkō Kaikan (Bank Hall)　銀行会館　8　C3
Ginkō Kyōkai Building　銀行協会ビル　8　C3
Ginza 1–8 (Chūō-ku)　銀座1〜8丁目 (中央区)　58　B6
Ginza Core　銀座コア　11　E4
Ginza-Itchōme Station (subway)　銀座一丁目駅 (地下鉄)　11　F2
Ginza Komatsu　銀座コマツ　10　D4
Ginza Melsa　銀座メルサ　11　F2
Ginza Nanachōme Theater　銀座七丁目劇場　10　D5
Ginza Noh Theater　銀座能楽堂　10　D4
Ginza Post Offce　銀座郵便局　11　E6
Ginza Raffinato　銀座ラフィナート　11　H2
Ginza Station (subway)　銀座駅 (地下鉄)　11　E3
Ginza Tower　銀座タワー　11　G3
Glass Book Museum　硝子の本の博物館　37　H4
Globe Tokyo (theater)　グローブ座　57　E2
Gobanchō (Chiyoda-ku)　五番町 (千代田区)　19　E5
Gōdō Chōsha　合同庁舎 (→Common government buildings)

Gohongi 1–3 (Meguro-ku)　五本木1〜3丁目 (目黒区)　64　D4
Gojō Tenjinsha (shrine)　五條天神社　22　B3
Gokoku-ji (temple)　護国寺　49　G6
Gokokuji Station (subway)　護国寺駅 (地下鉄)　49　G6
Golden-Gai　ゴールデン街　27　G2
Goshoyamachō (Yokohama City)　御所山町 (横浜市)　82　A2
Gotanda Station　五反田駅　35　F6
Gotanno Station　五反野駅　51　G1
Goten'yama Hills　御殿山ヒルズ　35　H1
Goten'yama Mori Building　御殿山森ビル　35　H1
Goten'yama Tower　御殿山タワー　35　H1
Gotoh Art Museum　五島美術館　71　G1
Gōtoku-ji (temple)　豪徳寺　63　H3
Gōtokuji 1–2 (Setagaya-ku)　豪徳寺1〜2丁目 (世田谷区)　63　H3
Gōtokuji Station　豪徳寺駅　63　H3
Grand Hill Ichigaya　グランドヒル市ヶ谷　18　D5
Grand Pier (Ōsanbashi Futō)　大さん橋ふ頭　83　G3
Green Tower Building　グリーンタワービル　26　B2
Ground Self-Defense Force Jūjō Post　陸上自衛隊十条駐屯地　49　G2
Gyōtoku Station (subway)　行徳駅 (地下鉄)　61　H5

H

H & A Building　H＆Aビル　31　F4
Hachiman'yama 1–3 (Setagaya-ku)　八幡山1〜3丁目 (世田谷区)　63　E1
Hachiman'yama Station　八幡山駅　55　E6
Hachiyamachō (Shibuya-ku)　鉢山町 (渋谷区)　65　E2
Haginaka 1–3 (Ōta-ku)　萩中1〜3丁目 (大田区)　77　H2
Hagoromochō 1–3 (Yokohama City)　羽衣町1〜3丁目 (横浜市)　82　D5
Haiyū-za (Actor's Theater)　俳優座　14　C5
Hakozaki Bus Terminal (TCAT)　東京シティエアターミナル　59　D4
Hakuhinkan Theater　博品館劇場　10　C5
Hakusan 1–5 (Bunkyō-ku)　白山1〜5丁目 (文京区)　50　A6
Hakusan Station (subway)　白山駅 (地下鉄)　50　A6
Hama Bowl Skate Center　ハマボウルスケートセンター　81　E5
Hamachō Park　浜町公園　59　E4
Hamachō Station (subway)　浜町駅 (地下鉄)　59　E4
Hamadayama 1–4 (Suginami-ku)　浜田山1〜4丁目 (杉並区)　55　G5
Hamadayama Station　浜田山駅　55　G5
Hamamatsuchō 1–2 (Minato-ku)　浜松町1〜2丁目 (港区)　66　B2
Hamamatsuchō Station　浜松町駅　13　E2
Hama-Rikyū Asahi Hall　浜離宮朝日ホール　66　C1
Hama-Rikyū Garden　浜離宮恩賜庭園　12　C1
Hama-Rikyū-Teien (Chūō-ku)　浜離宮庭園 (中央区)　12　D1
Hamazakibashi Junction　浜崎橋ジャンクション　13　F2
Hanabusachō (Yokohama City)　英町 (横浜市)　82　B6
Hanae Mori Building　ハナエモリビル　26　B2
Hanahata 1–8 (Adachi-ku)　花畑1〜8丁目 (足立区)　43　G3
Hanakawado 1–2 (Taitō-ku)　花川戸1〜2丁目 (台東区)　59　F1
Hanasakichō 1–7 (Yokohama City)　花咲町1〜7丁目 (横浜市)　82　B1-C3
Hanshōbuen (Iris Garden)　花菖蒲園　44　D5
Hanayashiki Amusement Park　花やしき遊園地　23　G1
Hanazono-jinja (shrine／Shinjuku)　花園神社 (新宿)　27　G2
Haneda 1–8 (Ōta-ku)　羽田1〜8丁目 (大田区)　78　A3
Haneda Airport (Tokyo Int'l Airport)　羽田空港 (東京国際空港)　78　C2
Haneda-Asahichō (Ōta-ku)　羽田旭町 (大田区)　78　A2
Haneda-Kūkō 1–3 (Ōta-ku)　羽田空港1〜3丁目 (大田区)　78　C2
Haneda-Kūkō Station　羽田空港駅　78　D2

Haneda Post Office 羽田郵便局 78 D2
Hanegi 1–2 (Setagaya-ku) 羽根木1～2丁目 (世田谷区) 64 A1
Hankyū Dept Store (Yūrakuchō) 阪急百貨店 (有楽町店) 10 D2
Hankyū Express 阪急交通社 12 A3
Hanzō-mon 半蔵門 19 G1
Hanzōmon Station (subway) 半蔵門駅 (地下鉄) 19 G2
Happō-en Garden 八芳園 34 A4
Haraikata-machi (Shinjuku-ku) 払方町 (新宿区) 18 B4
Harajuku Quest 原宿クエスト 28 A5
Harajuku Station 原宿駅 28 A5
Haramachi 1–2 (Meguro-ku) 原町1～2丁目 (目黒区) 72 D1
Haramachi 1–3 (Shinjuku-ku) 原町1～3丁目 (新宿区) 57 G3
Hara Museum of Contemporary Art 原美術館 35 H1
Hard Rock Cafe ハードロックカフェ 14 C5
Hardy Barracks (Akasaka Press Center) 赤坂プレスセンター (ハーディーバラックス) 32 A2
Haruechō 1–5 (Edogawa-ku) 春江町1～5丁目 (江戸川区) 61 F3
Harumi 1–5 (Chūō-ku) 晴海1～5丁目 (中央区) 66 D2
Harumi-bashi (bridge) 春海橋 67 E2
Harumi Futō (wharf) 晴海ふ頭 66 D3
Harumi Futō Park 晴海ふ頭公園 66 C3
Harumi Passenger Terminal 晴海客船ターミナル 66 C3
Hasegawa Machiko Art Museum 長谷川町子美術館 63 H5
Hashiba 1–2 (Taitō-ku) 橋場1～2丁目 (台東区) 51 F6
Hasune 1–3 (Itabashi-ku) 蓮根1～3丁目 (板橋区) 40 C5
Hasune Station (subway) 蓮根駅 (地下鉄) 40 C5
Hasunumachō (Itabashi-ku) 蓮沼町 (板橋区) 41 E6
Hasunuma Station 蓮沼駅 77 F1
Hatagaya 1–3 (Shibuya-ku) 幡ヶ谷1～3丁目 (渋谷区) 56 B5
Hatagaya Station 幡ヶ谷駅 56 C5
Hatakeyama Collection 畠山記念館 34 D5
Hatanodai 1–6 (Shinagawa-ku) 旗の台1～6丁目 (品川区) 73 E2
Hatanodai Station 旗の台駅 73 E2
Hatchōbori 1–4 (Chūō-ku) 八丁堀1～4丁目 (中央区) 58 D6
Hatchōbori Station 八丁堀駅 58 D6
Hatchōnawate Station 八丁畷駅 76 D6
Hatsudai 1–2 (Shibuya-ku) 初台1～2丁目 (渋谷区) 56 C6
Hatsudai Station 初台駅 56 D5
Hatsunechō (Yokohama City) 初音町1～3丁目 (横浜市) 82 B6
Hayabusachō (Chiyoda-ku) 隼町 (千代田区) 19 H1
Hayamiya 1–4 (Nerima-ku) 早宮1～4丁目 (練馬区) 48 A2
Hazawa 1–3 (Nerima-ku) 羽沢1～3丁目 (練馬区) 48 B3
Heiwadai 1–4 (Nerima-ku) 平和台1～4丁目 (練馬区) 48 A2
Heiwadai Station (subway) 平和台駅 (地下鉄) 48 A2
Heiwajima 1–6 (Ōta-ku) 平和島1～6丁目 (大田区) 74 A4
Heiwajima Park 平和島公園 74 A5
Heiwajima Station 平和島駅 73 H6
Heiwano-mori Kōen (Ōta-ku) 平和の森公園 (大田区) 73 H5
Heiwano-mori Park 平和の森公園 56 A1
Hibiya Central Building 日比谷セントラルビル 10 A4
Hibiya Chanter 日比谷シャンテ 10 C2
Hibiya City 日比谷シティ 10 A4
Hibiya Dai Building 日比谷ダイビル 10 B4
Hibiya Kōen (Chiyoda-ku) 日比谷公園 (千代田区) 10 B3
Hibiya Kōkaidō (Hibiya Public Hall) 日比谷公会堂 10 A3
Hibiya Kokusai Building 日比谷国際ビル 10 A4
Hibiya Mitsui Building 日比谷三井ビル 10 C2
Hibiya Park 日比谷公園 10 B2
Hibiya Public Hall 日比谷公会堂 10 A3

Hibiya Station (subway) 日比谷駅 (地下鉄) 10 C2
Hibiya Toshokan (Metr. Hibiya Library) 都立日比谷図書館 10 A3
Hie-jinja (shrine) 日枝神社 16 C3
Higashi 1–4 (Shibuya-ku) 東1～4丁目 (渋谷区) 65 F2
Higashi-Asakusa 1–2 (Taitō-ku) 東浅草1～2丁目 (台東区) 51 F6
Higashi-Ayase 1–3 (Adachi-ku) 東綾瀬1～3丁目 (足立区) 52 A1
Higashi-Azabu 1–3 (Minato-ku) 東麻布1～3丁目 (港区) 66 A2
Higashi-Azuma Station 東あずま駅 60 A2
Higashidachō (Kawasaki City) 東田町 (川崎市) 81 G2
Higashi-Enokichō (Shinjuku-ku) 東榎町 (新宿区) 57 H2
Higashi-Fushimi Station 東伏見駅 46 A5
Higashi-Fussa Station 東福生駅 84 A5
Higashigaoka 1–2 (Meguro-ku) 東が丘1～2丁目 (目黒区) 64 B5
Higashi-Ginza Station (subway) 東銀座駅 (地下鉄) 11 F4
Higashi-Gokenchō (Shinjuku-ku) 東五軒町 (新宿区) 57 H2
Higashi-Gotanda 1–5 (Shinagawa-ku) 東五反田1～5丁目 (品川区) 65 G5
Higashi-Hokima 1–2 (Adachi-ku) 東保木間1～2丁目 (足立区) 43 G4
Higashi-Horikiri 1–3 (Katsushika-ku) 東堀切1～3丁目 (葛飾区) 52 A2
Higashi-Ikebukuro 1–5 (Toshima-ku) 東池袋1～5丁目 (豊島区) 49 G5
Higashi-Ikebukuro Station (subway) 東池袋駅 (地下鉄) 49 G6
Higashi Ikebukuro Yonchōme Station 東池袋四丁目駅 25 G6
Higashi-Ikō 1–3 (Adachi-ku) 東伊興1～4丁目 (足立区) 42 D2
Higashi-Jūjō 1–6 (Kita-ku) 東十条1～6丁目 (北区) 49 H1
Higashi-Jūjō Station 東十条駅 49 G1
Higashi-Kamata 1–2 (Ōta-ku) 東蒲田1～2丁目 (大田区) 77 G1
Higashi-Kanamachi 1–8 (Katsushika-ku) 東金町1～8丁目 (葛飾区) 45 E6
Higashi-Kanda 1–3 (Chiyoda-ku) 東神田1～3丁目 (千代田区) 58 D3
Higashi-Kasai 1–9 (Edogawa-ku) 東葛西1～9丁目 (江戸川区) 69 E1
Higashi-Kitazawa Station 東北沢駅 64 B1
Higashi-Kōenji Station (subway) 東高円寺駅 (地下鉄) 56 A3
Higashi-Koiwa 1–6 (Edogawa-ku) 東小岩1～6丁目 (江戸川区) 53 F5
Higashi-Kōjiya 1–6 (Ōta-ku) 東糀谷1～6丁目 (大田区) 78 A1
Higashi-Komagata 1–4 (Sumida-ku) 東駒形1～4丁目 (墨田区) 59 F2
Higashi-Komatsugawa 1–4 (Edogawa-ku) 東小松川1～4丁目 (江戸川区) 60 D3
Higashi-Magome 1–2 (Ōta-ku) 東馬込1～2丁目 (大田区) 73 F3
Higashi-Matsubara Station 東松原駅 64 A1
Higashi-Matsumoto 1–2 (Edogawa-ku) 東松本1～2丁目 (江戸川区) 61 E1
Higashi-Minemachi (Ōta-ku) 東嶺町 (大田区) 72 C5
Higashi-Mizue 2 (Edogawa-ku) 東瑞江1丁目 (江戸川区) 61 G4
Higashi-Mizumoto 1–6 (Katsushika-ku) 東水元1～6丁目 (葛飾区) 44 D5
Higashi-Mukōjima 1–6 (Sumida-ku) 東向島1～6丁目 (墨田区) 51 G6
Higashi-Mukōjima Station 東向島駅 51 H6
Higashi-Nagasaki Station 東長崎駅 48 C5
Higashi-Nakano 1–5 (Nakano-ku) 東中野1～5丁目 (中野区) 56 C2
Higashi-Nakanobu 1–2 (Shinagawa-ku) 東中延1～2丁目 (品川区) 73 F1
Higashi-Nakano Station 東中野駅 56 C2
Higashi-Nihombashi 1–3 (Chūō-ku) 東日本橋1～3丁目 (中央区) 59 E4
Higashi-Nihombashi Station (subway) 東日本橋駅 (地下鉄) 58 D4
Higashi-Nippori 1–6 (Arakawa-ku) 東日暮里1～6丁目 (荒川区) 50 D5
Higashi-Ogu 1–8 (Arakawa-ku) 東尾久1～8丁目 (荒川区) 50 C3
Higashi-Ogu Sanchōme Station 東尾久三丁目駅 50 D3
Higashi-Ōi 1–6 (Shinagawa-ku) 東大井1～6丁目 (品川区) 73 H2

Higashi-Ōizumi 1–7 (Nerima-ku)　東大泉1～7丁目 (練馬区)　46 B3
Higashi-Ōjima Station (subway)　東大島駅 (地下鉄)　60 B4
Higashi-Rokugatsuchō (Adachi-ku)　東六月町 (足立区)　43 F4
Higashi-Rokugō 1–3 (Ōta-ku)　東六郷1～3丁目 (大田区)　77 F3
Higashi-Sakashita 1–2 (Itabashi-ku)　東坂下1～2丁目 (板橋区)　40 D5
Higashi-Shimbashi 1–2 (Minato-ku)　東新橋1～2丁目 (港区)　66 B1
Higashi-Shinagawa 1–5 (Shinagawa-ku)　東品川1～5丁目 (品川区)　66 B6
Higashi-Shinjuku Station (subway)　東新宿駅 (地下鉄)　57 F3
Higashi-Shin-Koiwa 1–8 (Katsushika-ku)　東新小岩1～8丁目 (葛飾区)　52 C6
Higashi-Shinozaki 1–2 (Edogawa-ku)　東篠崎1～2丁目 (江戸川区)　61 H3
Higashi-Shinozakimachi (Edogawa-ku)　東篠崎町 (江戸川区)　61 H2
Higashi-Sumida 1–3 (Sumida-ku)　東墨田1～3丁目 (墨田区)　60 A1
Higashi-Suna 1–8 (Kōtō-ku)　東砂1～8丁目 (江東区)　60 A5
Higashi-Tabata 1–2 (Kita-ku)　東田端1～2丁目 (北区)　50 B4
Higashi-Takane Forest Park　東高根森林公園　72 C3
Higashi-Tamagawa 1–2 (Setagaya-ku)　東玉川1～2丁目 (世田谷区)　72 C3
Higashi-Tateishi 1–4 (Katsushika-ku)　東立石1～4丁目 (葛飾区)　52 B5
Higashi-Ueno 1–6 (Taitō-ku)　東上野1～6丁目 (台東区)　58 D1
Higashi-Yaguchi 1–3 (Ōta-ku)　東矢口1～3丁目 (大田区)　77 E1
Higashiyama 1–3 (Meguro-ku)　東山1～3丁目 (目黒区)　64 D3
Higashiyamachō (Itabashi-ku)　東山町 (板橋区)　48 D2
Higashi-Yashio (Shinagawa-ku)　東八潮 (品川区)　66 C6
Higashi-Yotsugi 1–4 (Katsushika-ku)　東四つ木1～4丁目 (葛飾区)　52 A5
Higashi-Yukigaya 1–5 (Ōta-ku)　東雪谷1～5丁目 (大田区)　72 D3
Hikarigaoka 1–7 (Nerima-ku)　光が丘1～7丁目 (練馬区)　47 G1
Hikarigaoka Danchi　光が丘団地　47 F2
Hikarigaoka Park　光が丘公園　47 F1
Hikarigaoka Post Office　光が丘郵便局　47 G2
Hikarigaoka Station (subway)　光が丘駅 (地下鉄)　47 G2
Hikawachō (Itabashi-ku)　氷川町 (板橋区)　49 E2
Hikawadai 1–4 (Nerima-ku)　氷川台1～4丁目 (練馬区)　48 B2
Hikawadai Station (subway)　氷川台駅 (地下鉄)　48 B3
Hikawa-jinja (shrine)　氷川神社　16 B6
Hikawa-maru (ship)　氷川丸　83 H4
Hikifune Station　曳舟駅　59 G1
Himon'ya 1–6 (Meguro-ku)　碑文谷1～6丁目 (目黒区)　64 D6
Himon'ya Park　碑文谷公園　64 C6
Hinodechō (Adachi-ku)　日ノ出町 (足立区)　51 G2
Hinodechō 1–2 (Yokohama City)　日ノ出町1～2丁目 (横浜市)　82 B5
Hinodechō Station　日ノ出町駅　82 B5
Hinode Pier Station (waterbus)　日の出桟橋のりば　13 G1
Hinode Station　日の出駅　13 G2
Hirai 1–7 (Edogawa-ku)　平井1～7丁目 (江戸川区)　60 B2
Hirai-Ōhashi (bridge)　平井大橋　60 B1
Hirai Station　平井駅　60 A2
Hirakawachō 1–2 (Chiyoda-ku)　平河町1～2丁目 (千代田区)　58 A5
Hiraki Ukiyo-e Museum　平木浮世絵美術館　81 H5
Hirama Station　平間駅　76 B1
Hirano 1–3 (Adachi-ku)　平野1～3丁目 (足立区)　43 F5
Hirano 1–4 (Kōtō-ku)　平野1～4丁目 (江東区)　59 F5
Hiranuma 1–2 (Yokohama City)　平沼1～2丁目 (横浜市)　82 A1
Hiratsuka 1–3 (Shinagawa-ku)　平塚1～3丁目 (品川区)　73 F1
Hiromachi 1–2 (Shinagawa-ku)　広町1～2丁目 (品川区)　73 H1

Hiro-o 1–5 (Shibuya-ku)　広尾1～5丁目 (渋谷区)　65 F2
Hiro-o Garden Hills　広尾ガーデンヒルズ　32 D4
Hiro-o Hospital　都立広尾病院　33 H4
Hiro-o Plaza　広尾プラザ　33 G3
Hitotsubashi 1–2 (Chiyoda-ku)　一ツ橋1～2丁目 (千代田区)　58 B3
Hitotsuya 1–4 (Adachi-ku)　一ツ家1～4丁目 (足立区)　43 G5
Hōchiku Yoshida Meml Hall　吉田苞竹記念館　14 C2
Hokima 1–5 (Adachi-ku)　保木間1～5丁目 (足立区)　43 G4
Hokutopia　北とぴあ　49 H2
Hōmushō (Ministry of Justice)　法務省　17 H3
Hon-Amanuma 1–3 (Suginami-ku)　本天沼1～3丁目 (杉並区)　55 F1
Hōnan 1–2 (Suginami-ku)　方南1～2丁目 (杉並区)　56 A5
Hōnanchō Station (subway)　方南町駅 (地下鉄)　56 A5
Honchō (Itabashi-ku)　本町 (板橋区)　49 F2
Honchō 1 (Kawasaki City)　本町1丁目 (川崎市)　81 G1
Honchō 1–6 (Nakano-ku)　本町1～6丁目 (中野区)　56 C3
Honchō 1–6 (Yokohama City)　本町1～6丁目 (横浜市)　83 E4
Honda Motor (H.O.)　本田技研 (本社)　29 G4
Hongō 1–7 (Bunkyō-ku)　本郷1～7丁目 (文京区)　58 B1
Hongō Kyūsuijō Park　本郷給水所公苑　20 D1
Hongō Post Office　本郷郵便局　58 B1
Hongō-Sanchōme Station (subway)　本郷三丁目駅 (地下鉄)　58 B2
Hon-Haneda 1–3 (Ōta-ku)　本羽田1～3丁目 (大田区)　77 H3
Hon-Isshiki 1–3 (Edogawa-ku)　本一色1～3丁目 (江戸川区)　52 D6
Honjo 1–4 (Sumida-ku)　本所1～4丁目 (墨田区)　59 F2
Honjo-Azumabashi Station (subway)　本所吾妻橋駅 (地下鉄)　59 F2
Honjo Post Office　本所郵便局　59 F2
Hon-Komagome 1–6 (Bunkyō-ku)　本駒込1～6丁目 (文京区)　50 B5
Hon-Komagome Station (subway)　本駒込 (地下鉄)　50 A6
Honmachi 1–6 (Shibuya-ku)　本町1～6丁目 (渋谷区)　56 C5
Honmon-ji (temple)　本門寺　73 E5
Honshiochō (Shinjuku-ku)　本塩町 (新宿区)　19 E6
Hōraichō 1–3 (Yokohama City)　蓬莱町1～3丁目 (横浜市)　82 D5
Horifune 1–4 (Kita-ku)　堀船1～4丁目 (北区)　50 A2
Horikawachō (Kawasaki City)　堀川町 (川崎市)　81 E1
Horikiri 1–8 (Katsushika-ku)　堀切1～8丁目 (葛飾区)　51 H3
Horikiri Junction　堀切ジャンクション　51 H4
Horikiri-Shōbuen　堀切菖蒲園　51 H4
Horikiri-Shōbuen Station　堀切菖蒲園駅　51 H3
Horikiri Station　堀切駅　51 H4
Horinouchi 1–2 (Adachi-ku)　堀之内1～2丁目 (足立区)　42 B6
Horinouchi 1–3 (Suginami-ku)　堀ノ内1～3丁目 (杉並区)　55 H4
Horinouchichō (Kawasaki City)　堀之内町 (川崎市)　81 H1
Hōsei University　法政大学　18 B2
Hōsen-ji (temple)　宝仙寺　56 C3
Hoshi University　星薬科大学　65 F6
Hōshō Noh Theater　宝生能楽堂　20 C1
Hosoda 1–5 (Katsushika-ku)　細田1～5丁目 (葛飾区)　52 D4
Hōsō Kaikan (Japan Barrister Assoc.)　法曹会館　17 H3

Hotels and Inns　ホテル・旅館 (→p119)

House of Councillors Office Bldg　参議院議員会館　16 D3
House of Representatives Office Bldg No. 1　衆議院第一議員会館　16 D3
House of Representatives Office Bldg No. 2　衆議院第二議員会館　16 D3
Hōya Station　保谷駅　46 A3
Hozukachō (Adachi-ku)　保塚町 (足立区)　43 G5
Hyakuninchō 1–4 (Shinjuku-ku)　百人町1～4丁目 (新宿区)　57 E2

I

IBM Japan (H.O.) 日本IBM (本社) 14 B3
Ichibanchō (Chiyoda-ku) 一番町 (千代田区) 19 E2
Ichigaya-Chōenjimachi (Shinjuku-ku) 市谷長延寺町 (新宿区)
   18 C5
Ichigaya-Daimachi (Shinjuku-ku) 市谷台町 (新宿区) 57 G3
Ichigaya-Funagawaramachi (Shinjuku-ku) 市谷船河原町 (新宿区)
   18 A3
Ichigaya-Hachimanchō (Shinjuku-ku) 市谷八幡町 (新宿区) 18 D5
Ichigaya Hachimangū (shrine) 市谷八幡宮 18 D5
Ichigaya-Honmurachō (Shinjuku-ku) 市谷本村町 (新宿区) 57 G3
Ichigaya-Kagachō 1–2 (Shinjuku-ku) 市谷加賀町1～2丁目 (新宿区)
   18 B6
Ichigaya-Kōrachō (Shinjuku-ku) 市谷甲良町 (新宿区) 57 G3
Ichigaya-Nakanochō (Shinjuku-ku) 市谷仲之町 (新宿区) 57 G3
Ichigaya-Sadoharachō 1–3 (Shinjuku-ku) 市谷砂土原町1～3丁目
   (新宿区) 18 B4
Ichigaya-Sanaichō (Shinjuku-ku) 市谷左内町 (新宿区) 18 C5
Ichigaya Station 市ヶ谷駅 18 D4
Ichigaya-Takajōmachi (Shinjuku-ku) 市谷鷹匠町 (新宿区) 18 B5
Ichigaya-Tamachi 1–3 (Shinjuku-ku) 市谷田町1～3丁目 (新宿区)
   18 C4
Ichigaya-Yakuōjimachi (Shinjuku-ku) 市谷薬王寺町 (新宿区) 57 G3
Ichigaya-Yamabushichō (Shinjuku-ku) 市谷山伏町 (新宿区) 57 G3
Ichigaya-Yanagichō (Shinjuku-ku) 市谷柳町 (新宿区) 57 G3
Ichikawa City (Chiba-ken) 市川市 (千葉県) 53 61
Ichikawa-Mama Station 市川真間駅 53 H5
Ichikawa Station 市川駅 53 H5
Ichimarukyū (109, One-Oh-Nine) 109 30 B4
Ichinoechō (Edogawa-ku) 一之江町 (江戸川区) 60 D5
Ichinoe Station (subway) 一之江駅 (地下鉄) 61 E4
Ichinohashi 一ノ橋 15 F3
Ichinohashi Junction 一ノ橋ジャンクション 15 F3
Ichiyō Memorial Museum 一葉記念館 51 E6
Igusa 1–5 (Suginami-ku) 井草1～5丁目 (杉並区) 47 E5
Igusa Hachimangū (shrine) 井草八幡宮 54 C1
Iidabashi 1–4 (Chiyoda-ku) 飯田橋1～4丁目 (千代田区) 58 A3
Iidabashi Post Office 飯田橋郵便局 18 A1
Iidabashi Station 飯田橋駅 18 A1
Iino Building 飯野ビル 17 H5
Iino Hall イイノホール 17 H5
Ikebukuro 1–4 (Toshima-ku) 池袋1～4丁目 (豊島区) 49 F5
Ikebukuro Engei-jō 池袋演芸場 24 C3
Ikebukuro-Honchō 1–4 (Toshima-ku) 池袋本町1～4丁目 (豊島区)
   49 F4
Ikebukuro Station 池袋駅 24 D4
Ikegami 1–8 (Ōta-ku) 池上1～8丁目 (大田区) 73 E6
Ikegami Station 池上駅 73 E6
Ikejiri 1–4 (Setagaya-ku) 池尻1～4丁目 (世田谷区) 64 C2
Ikejiri-Ōhashi Station 池尻大橋駅 64 C2
Ikenohata 1–4 (Taitō-ku) 池之端1～4丁目 (台東区) 58 C1
Ikenoue Station 池ノ上駅 64 B1
Ikō 1–5 (Adachi-ku) 伊興1～5丁目 (足立区) 43 E4
Ikō-Honchō 1–2 (Adachi-ku) 伊興本町1～2丁目 (足立区) 43 E3
Ikspiari イクスピアリ 69 F5
Ikuta Green 生田緑地 70 A1
I Land Hall アイランドホール 26 C2
I Land Tower アイランドタワー 26 C2
IMA 47 F2

Imado 1–2 (Taitō-ku) 今戸1～2丁目 (台東区) 51 F6
Imagawa 1–4 (Suginami-ku) 今川1～4丁目 (杉並区) 54 D1
Imperial Household Agency 宮内庁 58 B5
Imperial Palace (Kōkyo) 皇居 58 A5
Imperial Palace Plaza (Kōkyomae-Hiroba) 皇居前広場 8 A5
Imperial Theater (Teikoku Gekijō) 帝国劇場 10 C1
Imperial Tower インペリアルタワー 10 C3
Inarichō Station (subway) 稲荷町駅 (地下鉄) 58 D1
Inaridai (Itabashi-ku) 稲荷台 (板橋区) 49 F1
Inokashira-Kōen Station 井の頭公園駅 54 B3
Inokashira Park 井の頭恩賜公園 54 B3
Institut Franco-Japonais de Tokyo 東京日仏学院 18 A3
International Education Center 国際教育振興会 19 F6
International House of Japan 国際文化会館 15 E5
International Library of Children's Literature 国際子ども図書館
   22 B1
International Medical Center of Japan 国立国際医療センター 57 F2
International School of the Sacred Heart 聖心インターナショナル
   スクール 33 F4
Iogi Station 井荻駅 47 E6
Irifune 1–3 (Chūō-ku) 入船1～3丁目 (中央区) 58 D6
Iris Garden 花菖蒲園 44 D5
Iriya 1–2 (Taitō-ku) 入谷1～2丁目 (台東区) 51 E6
Iriya 1–9 (Adachi-ku) 入谷1～9丁目 (足立区) 42 B2
Iriyachō (Adachi-ku) 入谷町 (足立区) 42 C3
Iriya Station (subway) 入谷駅 (地下鉄) 50 D6
Isago 1–2 (Kawasaki City) 砂子1～2丁目 (川崎市) 81 G1
Isechō 1–3 (Yokohama City) 伊勢町1～3丁目 (横浜市) 82 A3
Isetan Dept Store (Shinjuku) 伊勢丹 (新宿店) 27 G3
Iseyama-Kōdai-jingū (shrine) 伊勢山皇大神宮 82 B3
Isezakichō 1–7 (Yokohama City) 伊勢佐木町1～7丁目 (横浜市) 82 B6
Isezaki Chōjamachi Station (subway) 伊勢佐木長者町駅 (地下鉄)
   82 D6
Isezaki Mall イセザキモール 82 D5
Ishijima (Kōtō-ku) 石島 (江東区) 59 G5
Ishikawachō 1–2 (Ōta-ku) 石川町1～2丁目 (大田区) 72 C2
Ishikawachō Station 石川町駅 83 F6
Ishikawadai Station 石川台駅 72 C3
Ishiwara 1–4 (Sumida-ku) 石原1～4丁目 (墨田区) 59 F3
Itabashi 1–4 (Itabashi-ku) 板橋1～4丁目 (板橋区) 49 F3
Itabashi-Honchō Station (subway) 板橋本町駅 (地下鉄) 49 E1
Itabashi-Kita Post Office 板橋北郵便局 40 D6
Itabashi-ku 板橋区 39 40 49
Itabashi-Kuyakushomae Station (subway) 板橋区役所前駅 (地下鉄)
   49 F3
Itabashi-Nishi Post Office 板橋西郵便局 40 A5
Itabashi Post Office 板橋郵便局 49 F3
Itabashi Station 板橋駅 39 40 49
Itabashi Ward Art Museum 板橋区立美術館 39 H5
Itabashi Ward Historical Museum 板橋区立郷土資料館 39 H5
Itabashi Ward Office 板橋区役所 49 F3
Italian Institute of Culture イタリア文化会館 18 D1
Itōchū Building 伊藤忠ビル 29 F5
Itōpia Nihombashi Building イトーピア日本橋ビル 9 H1
I Town アイタウン 22 A2
Itō-ya (Ginza) 伊東屋 (銀座) 11 F2
Iwabuchimachi (Kita-ku) 岩淵町 (北区) 41 G5
Iwamotochō 1–3 (Chiyoda-ku) 岩本町1～3丁目 (千代田区) 58 D3
Iwamotochō Station (subway) 岩本町駅 (地下鉄) 21 H4

Iwanami Hall (cinema) 岩波ホール 20 C4
Iwanami Shoten 岩波書店 20 C5
Iwasaki Museum 岩崎博物館 83 H6
Iwatochō (Shinjuku-ku) 岩戸町 (新宿区) 57 H2
Izumi 1–4 (Suginami-ku) 和泉1～4丁目 (杉並区) 56 A6
Izumichō (Itabashi-ku) 泉町 (板橋区) 49 E1
Izumi-Tamagawa Station 和泉多摩川駅 62 A5

J

JA Building JAビル 8 D2
Japan Academy 日本学士院 22 C2
Japan Airlines (H.O.) 日本航空 (本社) 37 G3
Japan Art Academy Hall 日本芸術院会館 22 B4
Japan Barrister Association 法曹会館 17 H3
Japan Center for International Exchange 日本国際交流センター 33 G1
Japanese Foundation for Cancer Research Hospital 癌研究会有明病院 67 F5
Japanese Olympic Committee 日本オリンピック委員会 30 C1
Japanese Red Cross Society (H.Q.) 日本赤十字社 (本社) 12 C4
Japanese Red Cross Central Blood Center 日赤中央血液センター 32 D5
Japanese Red Cross College of Nursing 日本赤十字看護大学 32 E5
Japanese Red Cross Medical Center (Nisseki Iryō Center) 日赤医療センター 32 D5
Japanese Sword Museum 刀剣博物館 56 D5
Japan External Trade Organization (JETRO) 日本貿易振興会 17 E6
Japan Folkcrafts Museum 日本民芸館 64 C1
Japan Foundation 国際交流基金 14 A2
Japan International Cooperation Agency (JICA) 国際協力事業団 27 E5
Japan Junior Chamber Inc. 日本青年会議所 16 D1
Japan Productivity Center for Socio-Economic Development 社会経済生産性本部 31 F5
Japan Shōgi Federation Hall 将棋会館 28 C2
Japan Times ジャパンタイムズ 66 A4
Japan Toy Museum 日本玩具資料館 51 G6
Japan Women's Coll. of Physical Education 日本女子体育大学 54 C6
Japan Women's University 日本女子大学 57 G1
JBP Oval Building JBPオーバルビル 31 F2
JCII Camera Museum 日本カメラ博物館 19 F2
JETRO (Japan External Trade Organization) 日本貿易振興会 17 E6
JFE Bldg JFEビル 8 C3
Jewish Community of Japan 日本ユダヤ教団 33 E6
JICA (Japan International Cooperation Agency) 国際協力事業団 27 E5
JICA International Cooperation Center 国際協力事業団国際協力センター 18 C6
Jichi Daigakkō (Local Autonomy College) 自治大学校 33 F1
Jidayū-bori Park 次大夫堀公園 62 D5
Jikei University School of Medicine 東京慈恵会医科大学 12 B5
Jikei Univ. School of Medicine (Chōfu) 慈恵医科大学 (調布) 62 A3
Jikei Univ. Dai-San Hospital 慈恵医大第三病院 62 A3
Jikei Univ. Hospital 慈恵医大附属病院 12 B4
Jimbōchō Station (subway) 神保町駅 (地下鉄) 20 C4
Jingū Gaien (Meiji-jingū Outer Gardens) 神宮外苑 29 F2
Jingūmae 1–6 (Shibuya-ku) 神宮前1～6丁目 (渋谷区) 57 F6
Jingū Stadium 神宮球場 29 E3
Jinnan 1–2 (Shibuya-ku) 神南1～2丁目 (渋谷区) 65 E1

Jinnan Common Government Bldg 神南合同庁舎 30 C1
Jirō Osaragi Meml Museum 大佛次郎記念館 83 H6
JIS 日本規格協会 16 B3
Jiyūgaoka 1–3 (Meguro-ku) 自由が丘1～3丁目 (目黒区) 72 B1
Jiyūgaoka Station 自由が丘駅 72 B1
Jiyū Minshutō Honbu (Liberal Democratic Party／H.O.) 自由民主党 (本部) 16 D2
Jōchi Daigaku (Sophia Univ.) 上智大学 19 G5
Jōhoku Central Park 城北中央公園 48 B2
Joinas ジョイナス 81 G5
Jōnanjima 1–7 (Ōta-ku) 城南島1～7丁目 (大田区) 74 D5
Joshi Idai 東京女子医科大学 (→Tokyo Women's Medical College)
Jōshin-ji (Kuhonbutsu) (temple) 浄真寺 (九品仏) 72 A1
Josui Kaikan 如水会館 20 C6
Jōtō Post Office 城東郵便局 59 H4
JP Building JPビル 9 F1
JR East (H.O.) JR東日本 (本社) 27 E4
JR Tokyo General Hospital JR東京総合病院 27 E5
JT (Japan Tobacco／H.O.) 日本たばこ産業 (本社) 17 E6
JTB (Japan Travel Bureau／H.O.) JTB (日本交通公社／本社) 37 G1
JTB Building JTBビル 37 G1
Jūjōdai 1–2 (Kita-ku) 十条台1～2丁目 (北区) 49 G2
Jūjō-Nakahara 1–4 (Kita-ku) 十条仲原1～4丁目 (北区) 49 G1
Jūjō Station 十条駅 49 G2
Jūnisō Onsen (spa) 十二社温泉 24 D5
Junku-dō (bookstore) ジュンク堂 24 C5
Juntendō University (Med.) 順天堂大学 (医学部) 20 D1
Juntendō Hospital 順天堂医院 21 E1
J-WAVE J-WAVE 32 C5

K

Kabukichō 1–2 (Shinjuku-ku) 歌舞伎町1～2丁目 (新宿区) 57 E3
Kabuki-za (theater) 歌舞伎座 (劇場) 11 F4
Kachidoki 1–6 (Chūō-ku) 勝どき1～6丁目 (中央区) 66 D1
Kachidoki-bashi (bridge) 勝鬨橋 66 D1
Kachidoki Station (subway) 勝どき駅 (地下鉄) 66 D1
Kaga 1–2 (Adachi-ku) 加賀1～2丁目 (足立区) 42 B4
Kaga 1–2 (Itabashi-ku) 加賀1～2丁目 (板橋区) 49 F2
Kagaku Gijutsukan (Science Museum) 科学技術館 20 B6
Kagaku Hakubutsukan (Nat'l Science Museum) 国立科学博物館 22 C2
Kagu no Hakubutsukan (Furniture Museum) 家具の博物館 66 D2
Kaguragashi (Shinjuku-ku) 神楽河岸 (新宿区) 58 A3
Kagurazaka 1–6 (Shinjuku-ku) 神楽坂1～6丁目 (新宿区) 57 H2
Kagurazaka Station (subway) 神楽坂駅 (地下鉄) 57 H2
Kahei 1–3 (Adachi-ku) 加平1～3丁目 (足立区) 43 H5
Kahei Hakubutsukan (Currency Museum) 貨幣博物館 9 F3
Kaiga-kan (Meiji Meml Picture Gallery) 聖徳記念絵画館 29 E1
Kaigan 1–3 (Minato-ku) 海岸1～3丁目 (港区) 66 B4
Kaigan-dōri 1–5 (Yokohama City) 海岸通1～5丁目 (横浜市) 83 E3
Kaijō Bus Stations 海上バスのりば (→Sea-bus Terminals)
Kaikei Kensa-in (Board of Audit) 会計検査院 17 F5
Kaitaichō (Shinjuku-ku) 改代町 (新宿区) 57 H2
Kajichō 1–2 (Chiyoda-ku) 鍛冶町1～2丁目 (千代田区) 58 C4
Kajigaya Station 梶が谷駅 70 D3
Kajima (H.O.) 鹿島 16 B2
Kajima K1 Building 鹿島K1ビル 16 B5
Kajiwara Station 梶原駅 50 A3
Kakinokizaka 1–3 (Meguro-ku) 柿の木坂1～3丁目 (目黒区) 64 C6

Kamakura 1–4 (Katsushika-ku) 鎌倉1～4丁目 (葛飾区) 53 E4
Kamata 1–4 (Setagaya-ku) 鎌田1～4丁目 (世田谷区) 63 E6
Kamata 1–5 (Ōta-ku) 蒲田1～5丁目 (大田区) 77 G1
Kamata-Honchō 1–2 (Ōta-ku) 蒲田本町1～2丁目 (大田区) 77 F1
Kamata Post Office 蒲田郵便局 77 F1
Kamata Station 蒲田駅 77 F1
Kameari 1–5 (Katsushika-ku) 亀有1～5丁目 (葛飾区) 52 B1
Kameari Station 亀有駅 52 B1
Kameido 1–9 (Kōtō-ku) 亀戸1～9丁目 (江東区) 59 H3
Kameido Central Park 亀戸中央公園 60 A3
Kameido Station 亀戸駅 59 H3
Kameido-Suijin Station 亀戸水神駅 60 A3
Kameido Tenjin (shrine) 亀戸天神 59 H2
Kamezawa 1–4 (Sumida-ku) 亀沢1～4丁目 (墨田区) 59 F3
Kami-Hongō Station 上本郷駅 45 H4
Kami-Igusa 1–4 (Suginami-ku) 上井草1～4丁目 (杉並区) 46 D6
Kami-Igusa Sōgō Grounds 上井草総合運動場 46 D6
Kami-Igusa Station 上井草駅 46 D6
Kami-Ikebukuro 1–4 (Toshima-ku) 上池袋1～4丁目 (豊島区) 49 G4
Kami-Ikedai 1–5 (Ōta-ku) 上池台1～5丁目 (大田区) 73 E3
Kami-Isshiki 1–3 (Edogawa-ku) 上一色1～3丁目 (江戸川区) 52 D6
Kami-Itabashi 1–3 (Itabashi-ku) 上板橋1～3丁目 (板橋区) 48 C1
Kami-Itabashi Station 上板橋駅 48 C1
Kami-Jūjō 1–5 (Kita-ku) 上十条1～5丁目 (北区) 49 G1
Kami-Kitazawa 1–5 (Setagaya-ku) 上北沢1～5丁目 (世田谷区) 63 F1
Kami-Kitazawa Station 上北沢駅 63 F1
Kamimachi Station 上町駅 63 H3
Kami-Meguro 1–5 (Meguro-ku) 上目黒1～5丁目 (目黒区) 64 D3
Kami-Nakazato 1–3 (Kita-ku) 上中里1～3丁目 (北区) 50 A3
Kami-Nakazato Station 上中里駅 50 A3
Kaminari Gorogoro Kaikan 雷5656会館 23 G1
Kaminari-mon (gate) 雷門 23 G4
Kaminarimon 1–2 (Taitō-ku) 雷門1～2丁目 (台東区) 59 E1
Kaminarimon Post Office 雷門郵便局 23 G4
Kami-Noge 1–4 (Setagaya-ku) 上野毛1～4丁目 (世田谷区) 71 G1
Kami-Noge Station 上野毛駅 71 G1
Kami-Ochiai 1–3 (Shinjuku-ku) 上落合1～3丁目 (新宿区) 56 D1
Kamiogi 1–4 (Suginami-ku) 上荻1～4丁目 (杉並区) 55 E2
Kami-Ōsaki 1–4 (Shinagawa-ku) 上大崎1～4丁目 (品川区) 65 G4
Kami-Saginomiya 1–5 (Nakano-ku) 上鷺宮1～5丁目 (中野区) 47 F5
Kami-Shakujii 1–4 (Nerima-ku) 上石神井1～4丁目 (練馬区) 46 C5
Kami-Shakujii-Minamichō (Nerima-ku) 上石神井南町 (練馬区) 46 C6
Kami-Shakujii Station 上石神井駅 46 C6
Kami-Shinozaki 1–4 (Edogawa-ku) 上篠崎1～4丁目 (江戸川区) 61 G1
Kami-Soshigaya 1–7 (Setagaya-ku) 上祖師谷1～7丁目 (世田谷区) 62 C1
Kami-Takada 1–5 (Nakano-ku) 上高田1～5丁目 (中野区) 56 B1
Kami-Takaido 1–3 (Suginami-ku) 上高井戸1～3丁目 (杉並区) 55 E5
Kamiuma 1–5 (Setagaya-ku) 上馬1～5丁目 (世田谷区) 64 A4
Kamiya 1–3 (Kita-ku) 神谷1～3丁目 (北区) 41 H6
Kamiyachō MT Building 神谷町MTビル 14 C1
Kamiyachō MT Court 神谷町MTコート 14 C1
Kamiyachō Station (subway) 神谷町駅 (地下鉄) 14 C1
Kamiyamachō (Shibuya-ku) 神山町 (渋谷区) 64 D1
Kami-Yōga 1–6 (Setagaya-ku) 上用賀1～6丁目 (世田谷区) 63 G4
Kamon'yama Park 掃部山公園 82 B2
Kanagawa Bank (H.O.) 神奈川銀行 (本店) 82 C5
Kanagawa Kenmin Hall (Kenmin Hall) 神奈川県民ホール 83 G5

Kanagawa Museum of Modern Literature 神奈川近代文学館 83 (H6 ③)
Kanagawa Prefectural Office 神奈川県庁 83 F4
Kanagawa Pref. Museum of Cultural History (Pref. Museum of Cultural History) 神奈川県立歴史博物館 82 D4
Kanagawa Pref. Library (Pref. Library) 神奈川県立図書館 82 B3
Kanagawa Pref. Police Dept (H.Q.) (Pref. Police Dept) 神奈川県警察 (本部) 83 E3
Kanagawa Pref. Youth Cente (Pref. Youth Center) 神奈川県立青少年センター 82 B3
Kanagawa Youth Hostel 神奈川ユースホステル 82 C3
Kanamachi 1–6 (Katsushika-ku) 金町1～6丁目 (葛飾区) 52 D1
Kanamachi Filtration Plant 金町浄水場 53 E1
Kanamachi-Jōsuijō (Katsushika-ku) 金町浄水場 (葛飾区) 53 E1
Kanamachi Station 金町駅 52 D1
Kanamechō 1–3 (Toshima-ku) 要町1～3丁目 (豊島区) 48 D4
Kanamechō Station (subway) 要町駅 (地下鉄) 49 E5
Kanda-Aioichō (Chiyoda-ku) 神田相生町 (千代田区) 21 H3
Kanda-Awajichō 1–2 (Chiyoda-ku) 神田淡路町1～2丁目 (千代田区) 58 C3
Kanda Bookshop Area 神田書店街 20 C4
Kanda-gawa (river) 神田川 20 C2
Kanda-Hanaokachō (Chiyoda-ku) 神田花岡町 (千代田区) 21 H3
Kanda-Higashi-Kon'yachō (Chiyoda-ku) 神田東紺屋町 (千代田区) 21 (H6)
Kanda-Higashi-Matsushitachō (Chiyoda-ku) 神田東松下町 (千代田区) 21 H5
Kanda-Hirakawachō (Chiyoda-ku) 神田平河町 (千代田区) 58 (D3)
Kanda-Iwamotochō (Chiyoda-ku) 神田岩本町 (千代田区) 58 (D3)
Kanda-Izumichō (Chiyoda-ku) 神田和泉町 (千代田区) 58 D3
Kanda-Jimbōchō 1–3 (Chiyoda-ku) 神田神保町1～3丁目 (千代田区) 58 B3
Kanda-Kajichō 3 (Chiyoda-ku) 神田鍛冶町3丁目 (千代田区) 21 G5
Kanda-Kita-Norimonochō (Chiyoda-ku) 神田北乗物町 (千代田区) 21 H6
Kanda-Kon'yachō (Chiyoda-ku) 神田紺屋町 (千代田区) 21 H6
Kanda-Matsunagachō (Chiyoda-ku) 神田松永町 (千代田区) 21 H3
Kanda-Mikurachō (Chiyoda-ku) 神田美倉町 (千代田区) 21 H6
Kanda-Mitoshirochō (Chiyoda-ku) 神田美土代町 (千代田区) 21 F5
Kanda Myōjin (shrine) 神田明神 21 F2
Kanda-Neribeichō (Chiyoda-ku) 神田練塀町 (千代田区) 21 H2
Kanda-Nishi-Fukudachō (Chiyoda-ku) 神田西福田町 (千代田区) 21 H6
Kanda-Nishikichō 1–3 (Chiyoda-ku) 神田錦町1～3丁目 (千代田区) 58 B4
Kanda-Ogawamachi 1–3 (Chiyoda-ku) 神田小川町1～3丁目 (千代田区) 58 B3
Kanda Post Office 神田郵便局 21 G4
Kanda-Sakumachō 1–4 (Chiyoda-ku) 神田佐久間町1～4丁目 (千代田区) 58 D3
Kanda-Sakumagashi (Chiyoda-ku) 神田佐久間河岸 (千代田区) 58 (D3)
Kanda Station 神田駅 21 G6
Kanda-Sudachō 1–2 (Chiyoda-ku) 神田須田町1～2丁目 (千代田区) 58 C3
Kanda-Surugadai 1–4 (Chiyoda-ku) 神田駿河台1～4丁目 (千代田区) 58 B3
Kanda-Tachō 2 (Chiyoda-ku) 神田多町2丁目 (千代田区) 58 C3
Kanda-Tomiyamachō (Chiyoda-ku) 神田富山町 (千代田区) 21 H5

Kanda-Tsukasamachi 2 (Chiyoda-ku)　神田司町2丁目 (千代田区)　58　C4

Kanegafuchi Station　鐘ケ淵駅　51　H5

Kan'ei-ji (temple)　寛永寺　50　C6

Kan'ei-ji Cemetery (Shōgun Tokugawa Graveyard)　寛永寺霊園 (徳川将軍家墓所)　22　C1

Kanematsu Building　兼松ビル　11　H1

Kankyōshō (Ministry of the Environment)　環境省　17　H4

Kannai Hall　関内ホール　82　D4

Kannai Station　関内駅　82　D5

Kanze Noh Theater　観世能楽堂　30　A3

Kappabashi Kitchenware Town　かっぱ橋道具街　23　E1

Karakuri (Trick) Museum　からくりミュージアム　31　F3

Karasuyama Teramachi　烏山寺町　54　C5

Kasai-bashi (bridge)　葛西橋　60　B6

Kasai Junction　葛西ジャンクション　68　B3

Kasai Kaihin Park　葛西海浜公園　68　C4

Kasai Post Office　葛西郵便局　60　D6

Kasai-Rinkai-Kōen Station　葛西臨海公園駅　68　C3

Kasai Rinkai Park　葛西臨海公園　68　C4

Kasai Rinkai Suizokuen (Tokyo Sea Life Park)　葛西臨海水族園　68　C4

Kasai Station (subway)　葛西駅 (地下鉄)　68　D1

Kasai Truck Terminal　葛西トラックターミナル　68　C3

Kashimada Station　鹿島田駅　76　C2

Kasuga 1–2 (Bunkyō-ku)　春日1～2丁目 (文京区)　58　A1

Kasugachō 1–6 (Nerima-ku)　春日町1～6丁目 (練馬区)　47　H2

Kasuga Station (subway)　春日駅 (地下鉄)　58　A1

Kasumigaoka (Yokohama City)　霞ヶ丘 (横浜市)　82　A5

Kasumigaokamachi (Shinjuku-ku)　霞岳町 (新宿区)　29　E3

Kasumigaseki 1–3 (Chiyoda-ku)　霞が関1～3丁目 (千代田区)　58　A6

Kasumigaseki Building　霞が関ビル　17　F5

Kasumigaseki Station (subway)　霞ヶ関駅 (地下鉄)　17　G4

Kasuya 1–4 (Setagaya-ku)　粕谷1～4丁目 (世田谷区)　63　E1

Katamachi (Shinjuku-ku)　片町 (新宿区)　57　G4

Katsushika-ku　葛飾区　44　51　52　60

Katsushika City Museum　郷土と天文の博物館　52　B2

Katsushika-Niijuku Post Office　葛飾新宿郵便局　52　D1

Katsushika-ōhashi (bridge)　葛飾大橋　45　F6

Katsushika Post Office　葛飾郵便局　52　A4

Katsushika Ward Office　葛飾区役所　52　B4

Katsushima 1–3 (Shinagawa-ku)　勝島1～3丁目 (品川区)　74　A3

Kawadachō (Shinjuku-ku)　河田町 (新宿区)　57　G3

Kawaguchi City (Saitama-ken)　川口市 (埼玉県)　41　42

Kawaguchi City Office　川口市役所　41　G2

Kawaguchi-Motogō Station　川口元郷駅　41　H3

Kawaguchi Station　川口駅　41　F3

Kawasaki BE　川崎BE　81　F1

Kawasaki Central Post Office　川崎中央郵便局　81　H2

Kawasaki Cinema　川崎シネマ　81　F3

Kawasaki City (Kanagawa-ken)　川崎市 (神奈川県)　76　80　81

Kawasaki City Hospital　川崎市立病院　81　H3

Kawasaki City Museum　川崎市民ミュージアム　71　H4

Kawasaki City Office　川崎市役所　81　G1

Kawasaki Daishi (temple)　川崎大師　77　H4

Kawasaki-Daishi Station　川崎大師駅　77　G4

Kawasaki Keirin Race Course　川崎競輪場　77　F5

Kawasaki-ku (Kawasaki City)　川崎区 (川崎市)　77　78　80　81

Kawasaki Noh Theater　川崎能楽堂　81　E3

Kawasaki Race Course　川崎競馬場　77　F5

Kawasaki-Shinmachi Station　川崎新町駅　77　E6

Kawasaki Station　川崎駅　81　E1

Kawasaki Ward Office　川崎区役所　81　G2

Kayabachō Station (subway)　茅場町駅 (地下鉄)　9　H5

KDDI Building　KDDIビル　26　C4

KDDI Ōtemachi Building　KDDI 大手町ビル　8　C2

Keidanren Kaikan　経団連会館　8　D1

Keihinjima 1–3 (Ōta-ku)　京浜島1～3丁目 (大田区)　74　C6

Keikyū-Kamata Station　京急蒲田駅　77　G1

Keikyū-Kawasaki Station　京急川崎駅　81　G1

Keiō Dept Store　京王百貨店　27　E3

Keiō University　慶応義塾大学　15　H2

Keiō Univ. (Med.)　慶応義塾大学 (医学部)　57　G5

Keiō Univ. (Sci. & Engin.)　慶応義塾大学 (理工学部)　76　A2

Keiō Univ. Hospital　慶応義塾大学病院　29　E1

Keisatsuchō (Nat'l Police Agcy)　警察庁　17　G3

Keisei-Hikifune Station　京成曳舟駅　59　H1

Keisei-Kanamachi Station　京成金町駅　52　D1

Keisei-Koiwa Station　京成小岩駅　53　E4

Keisei-Sekiya Station　京成関屋駅　51　G4

Keisei-Takasago Station　京成高砂駅　52　D3

Keisei-Tateishi Station　京成立石駅　52　B4

Keisei-Ueno Station　京成上野駅　22　B4

Keishichō (Tokyo Metr. Police Dept)　警視庁　17　G3

Keiyū Hospital　けいゆう病院　82　D1

Keizai Sangyōshō (Ministry of Economy, Trade and Industry)　経済産業省　17　G5

Kenchiku Kaikan (Construction Hall)　建築会館　13　H6

Kenkō Plaza Hygeia (Tokyo Metr. Health Plaza Hygeia)　東京都健康プラザハイジア　27　F1

Kenkō Plaza Toshima (Ikebukuro Sports Center)　健康プラザ豊島 (池袋スポーツセンター)　25　E2

Kensatsuchō (Public Prosecutor's Office)　検察庁　17　H3

Kensei Kinenkan (Parliamentary Musm)　憲政記念館　17　F2

Kiba 1–6 (Kōtō-ku)　木場1～6丁目 (江東区)　59　G6

Kiba Park　木場公園　59　G5

Kiba Station (subway)　木場駅 (地下鉄)　59　G6

Kichijō-ji (temple)　吉祥寺　50　B6

Kichijōji Station　吉祥寺駅　54　B2

Ki-in Kaikan　棋院会館　18　D4

Kikai Shinkō Kaikan　機械振興会館　12　C6

Kikuichō (Shinjuku-ku)　喜久井町 (新宿区)　57　G2

Kikukawa 1–3 (Sumida-ku)　菊川1～3丁目 (墨田区)　59　F4

Kikukawa Station (subway)　菊川駅 (地下鉄)　59　F4

Kindai Bijutsukan (Nat'l Musm of Modern Art)　国立近代美術館　20　B6

Kinokuniya Book Store (main store)　紀伊国屋書店 (本店)　27　F2

Kinokuniya Book Store (Shinjuku south store)　紀伊国屋書店 (新宿南店)　27　F5

Kinshi 1–4 (Sumida-ku)　錦糸1～4丁目 (墨田区)　59　G3

Kinshichō Station　錦糸町駅　37　F5

Kinshi Park　錦糸公園　37　G4

Kinuta 1–8 (Setagaya-ku)　砧1～8丁目 (世田谷区)　63　E4

Kinuta Green Park　砧緑地公園　63　F5

Kinuta-Kōen (Setagaya-ku)　砧公園 (世田谷区)　63　F5

Kin'yūchō (Financial Services Agency)　金融庁　17　F4

Kioichō (Chiyoda-ku)　紀尾井町 (千代田区)　19　H5

Kioichō Building　紀尾井町ビル　19　H4

Kioi Hall 紀尾井ホール 19 H5
Kirigaoka 1–2 (Kita-ku) 桐ヶ丘1～2丁目 (北区) 41 F5
Kishimachi 1–2 (Kita-ku) 岸町1～2丁目 (北区) 49 H2
Kishi Memorial Hall 岸記念体育館 30 C1
Kishimojin (temple) 鬼子母神 (寺院) 49 F6
Kishimojinmae Station 鬼子母神前駅 49 F6
Kishimoto Building 岸本ビル 8 C5
Kishōchō (Meteorological Agcy) 気象庁 8 C1
Kita-Akabane Station 北赤羽駅 41 E5
Kita-Aoyama 1–3 (Minato-ku) 北青山1～3丁目 (港区) 57 G6
Kita-Asaka Station 北朝霞駅 38 C1
Kita-Ikebukuro Station 北池袋駅 49 F4
Kita-Kaheichō (Adachi-ku) 北加平町 (足立区) 43 H5
Kita-Karasuyama 1–9 (Setagaya-ku) 北烏山1～9丁目 (世田谷区) 54 C5
Kita-Kasai 1–5 (Edogawa-ku) 北葛西1～5丁目 (江戸川区) 60 C6
Kita-Koiwa 1–8 (Edogawa-ku) 北小岩1～8丁目 (江戸川区) 53 F4
Kita-Kōjiya 1–2 (Ōta-ku) 北糀谷1～2丁目 (大田区) 77 H1
Kita-Kokubun Station 北国分駅 53 H1
Kita-ku 北区 41 49 50
Kitamachi (Shinjuku-ku) 北町 (新宿区) 18 A4
Kitamachi 1–8 (Nerima-ku) 北町1～8丁目 (練馬区) 48 A1
Kita-Magome 1–2 (Ōta-ku) 北馬込1～2丁目 (大田区) 73 E2
Kita-Matsudo Station 北松戸駅 45 H3
Kitami 1–9 (Setagaya-ku) 喜多見1～9丁目 (世田谷区) 62 D5
Kita-Minemachi (Ōta-ku) 北嶺町 (大田区) 72 C4
Kitami Station 喜多見駅 62 C4
Kitanaka-dori 1–6 (Yokohama City) 北仲通1～6丁目 (横浜市) 83 E4
Kitanomaru-Kōen (Chiyoda-ku) 北の丸公園 (千代田区) 58 A4
Kitanomaru National Garden 北の丸公園 20 A6
Kitanomaru Square 北の丸スクエア 20 A4
Kita-Ōtsuka 1–3 (Toshima-ku) 北大塚1～3丁目 (豊島区) 49 G5
Kita-Saiwai 1–2 (Yokohama City) 北幸1～2丁目 (横浜市) 81 F4
Kitasandō Station (Subway) 北参道駅 (地下鉄) 28 A1
Kitasato University 北里大学 65 G3
Kita-Senju Station 北千住駅 51 F3
Kita-Senzoku 1–3 (Ōta-ku) 北千束1～3丁目 (大田区) 72 D1
Kita-Senzoku Station 北千束駅 72 D2
Kita-Shinagawa 1–6 (Shinagawa-ku) 北品川1～6丁目 (品川区) 65 H5
Kita-Shinagawa Station 北品川駅 65 H6
Kita-Shinjuku 1–4 (Shinjuku-ku) 北新宿1～4丁目 (新宿区) 56 D2
Kita-Shinozaki 1–2 (Edogawa-ku) 北篠崎1～2丁目 (江戸川区) 53 G6
Kita-Suna 1–7 (Kōtō-ku) 北砂1～7丁目 (江東区) 60 A5
Kita-Ueno 1–2 (Taitō-ku) 北上野1～2丁目 (台東区) 58 D1
Kita Ward Office 北区役所 49 H1
Kita-Yamabushichō (Shinjuku-ku) 北山伏町 (新宿区) 18 A6
Kitazawa 1–5 (Setagaya-ku) 北沢1～5丁目 (世田谷区) 64 B1
Kitazawa Shoten (bookstore) 北沢書店 20 C4
Kite Museum 凧の博物館 9 G4
Kiyokawa 1–2 (Taitō-ku) 清川1～2丁目 (台東区) 51 F6
Kiyomizu Kannondō 清水観音堂 22 B4
Kiyosu-bashi (bridge) 清洲橋 59 E5
Kiyosumi 1–3 (Kōtō-ku) 清澄1～3丁目 (江東区) 59 E5
Kiyosumi Garden 清澄庭園 59 F5
Kiyosumi-Shirakawa Station (subway) 清澄白河駅 (地下鉄) 59 F5
Kobunacho Kinen Kaikan 小舟町記念会館 9 H3
Kodai Oriento Hakubutsukan (Ancient Orient Musm) 古代オリエント博物館 25 G5
Kōdansha 講談社 57 G1
Kōdō 1–2 (Adachi-ku) 弘道1～2丁目 (足立区) 51 G1
Kōdōkan 講道館 58 B2
Kodomo no Shiro (Nat'l Children's Castle) こどもの城 31 F3
Kōen-dōri Theater 公園通り劇場 30 B2
Kōenji-Kita 1–4 (Suginami-ku) 高円寺北1～4丁目 (杉並区) 55 H2
Kōenji-Minami 1–5 (Suginami-ku) 高円寺南1～5丁目 (杉並区) 55 H2
Kōenji Station 高円寺駅 55 H2
Kōgakuin University 工学院大学 26 D3
Koganechō 1–2 (Yokohama City) 黄金町1～2丁目 (横浜市) 82 B6
Koganechō Station 黄金町駅 82 A6
Kohinata 1–4 (Bunkyō-ku) 小日向1～4丁目 (文京区) 57 H1
Kōhoku 1–7 (Adachi-ku) 江北1～7丁目 (足立区) 42 C6
Kōhoku Station 江北駅 42 C6
Kōhoku-bashi (bridge) 江北橋 50 B1
Koishikawa 1–5 (Bunkyō-ku) 小石川1～5丁目 (文京区) 58 A1
Koishikawa Botanical Gardens 小石川植物園 50 A6
Koishikawa Kōrakuen (garden) 小石川後楽園 58 A2
Koishikawa Post Office 小石川郵便局 58 A1
Koiwa Post Office 小岩郵便局 53 F5
Koiwa Station 小岩駅 53 E5
Kojima 1–2 (Taitō-ku) 小島1～2丁目 (台東区) 58 D2
Kōjimachi 1–6 (Chiyoda-ku) 麹町1～6丁目 (千代田区) 19 G3
Kōjimachi Kaikan 麹町会館 19 H3
Kōjimachi Post Office 麹町郵便局 18 D2
Kōjimachi Station (subway) 麹町駅 (地下鉄) 19 G4
Kojima-Shinden Station 小島新田駅 78 A4
Kojiya 1–2 (Adachi-ku) 古千谷1～2丁目 (足立区) 42 C3
Kōjiya-Honchō 1–4 (Adachi-ku) 古千谷本町1～4丁目 (足立区) 42 D2
Kōjiya Station 糀谷駅 77 H2
Kokkai Gijidō (National Diet Building) 国会議事堂 17 E3
Kokkai-Gijidōmae Station (subway) 国会議事堂前駅 (地下鉄) 17 E4
Kokkai Kisha Kaikan (Diet Press Center) 国会記者会館 17 E4
Kokkaimae Garden (Japanese Style) 国会前庭和式庭園 17 F3
Kokkaimae Garden (Western Style) 国会前庭洋式庭園 17 F3
Kokkai Toshokan (National Diet Library) 国立国会図書館 17 E2
Kokka Kōan Iinkai (Nat'l Public Safety Commission) 国家公安委員会 17 G3
Kōko Building 公庫ビル 8 D1
Kokubungaku Kenkyū Shiryōkan (Nat'l Inst. of Japanese Literature) 国文学研究資料館 73 G1
Kokudo Kōtsūshō (Ministry of Land, Infrastructure and Transport) 国土交通省 17 G3
Kokugakuin University 国学院大学 31 H6
Kokugikan 国技館 59 E3
Kōkū Kaikan (Aviation Building) 航空会館 10 A5
Kokuren Daigaku Honbu (United Nations University／H.O.) 国連大学 (本部) 31 F3
Kokuritsu Byōin Tokyo Iryō Center (Nat'l Hospital Tokyo Medical Center) 国立病院東京医療センター 64 B5
Kokuritsu Gan Center (Nat'l Cancer Center) 国立がんセンター 11 F6
Kokuritsu Gekijō (Nat'l Theater) 国立劇場 19 H1
Kokuritsu Hakubutsukan (Tokyo National Museum) 東京国立博物館 22 C1
Kokuritsu Kagaku Hakubutsukan (Nat'l Science Musm) 国立科学博物館 22 C2
Kokuritsu Kindai Bijutsukan (Nat'l Musm of Modern Art) 国立近代美術館 20 B6
Kokuritsu Kōbunshokan (National Archives) 国立公文書館 20 B6

Kokuritsu Kokkai Toshokan (National Diet Library) 国立国会図書館 17 E2

Kokuritsu Kokusai Iryō Center (Int'l Med. Center of Japan) 国立国際医療センター 57 F2

Kokuritsu Kōshū Eiseiin (Nat'l Inst. of Public Health) 国立公衆衛生院 34 A5

Kokuritsu Kyōgijō (National Stadium) 国立競技場 29 E2

Kokuritsu-Kyōgijō Station (subway) 国立競技場駅 (地下鉄) 28 D1

Kokuritsu Kyōiku Kenkyūsho (Nat'l Inst. for Education Research) 国立教育研究所 65 E5

Kokuritsu Nishigaoka Kyōgijō (Nat'l Nishigaoka Stadium) 国立西が丘競技場 49 F1

Kokuritsu Noh-Gakudō (Nat'l Noh Theater) 国立能楽堂 28 B1

Kokuritsu Seiiku Iryō Center (Nat'l Center for Child Health and Development) 国立成育医療センター 63 E5

Kokuritsu Seiiku Iryō Center Kenkyūjo (Nat'l Center for Child Health and Development, Research Institute) 国立成育医療センター (研究所) 64 B2

Kokuritsu Seiyō Bijutsukan (Nat'l Musm of Western Art) 国立西洋美術館 22 C3

Kokuritsu Shizen Kyōikuen (Nat'l Park for Nature Study) 国立自然教育園 36 D4

Kokuritsu Yoyogi Kyōgijō (Nat'l Yoyogi Stadium) 国立代々木競技場 57 E6

Kokusai Akasaka Building 国際赤坂ビル 16 D5

Kokusai Building 国際ビル 8 B6

Kokusai Bunka Kaikan (Int'l House of Japan) 国際文化会館 15 E5

Kokusai Hamamatsuchō Building 国際浜松町ビル 13 E1

Kokusai Kodomo Toshokan (International Library of Children's Literature) 国際子ども図書館 22 B1

Kokusai Kōryū Kikin (Japan Foundation) 国際交流基金 14 A2

Kokusai Kyōiku Shinkōkai (Int'l Education Center) 国際教育振興会 19 F6

Kokusai Kyōryoku Jigyōdan (JICA) 国際協力事業団 27 E5

Kokusai Sannō Building 国際山王ビル 16 C3

Kokusai Shin-Akasaka Buildings 国際新赤坂ビル 16 B5

Kokusai-tenjijō Seimon Station 国際展示場正門駅 67 E5

Kokusai Yūbinkyoku (Tokyo Int'l Post Office) 東京国際郵便局 9 E2

Kokushikan University 国士館大学 64 A3

Kōkyo (Imperial Palace) 皇居 58 A5

Kōkyo-Gaien (Chiyoda-ku) 皇居外苑 (千代田区) 8 A5

Kōkyo Higashi Gyoen (East Gardens of the Imperial Palace) 皇居東御苑 8 A2

Kōkyomae-Hiroba (Imperial Palace Plaza) 皇居前広場 8 A5

Komaba 1–4 (Meguro-ku) 駒場1〜4丁目 (目黒区) 64 C2

Komaba Park 駒場公園 64 C1

Komaba-Tōdaimae Station 駒場東大前駅 64 C1

Komae City 狛江市 62

Komae City Office 狛江市役所 62 B4

Komae Post Office 狛江郵便局 62 A4

Komae Station 狛江駅 62 A5

Komagata 1–2 (Taitō-ku) 駒形1〜2丁目 (台東区) 59 E2

Komagata-bashi (bridge) 駒形橋 23 G4

Komagome 1–7 (Toshima-ku) 駒込1〜7丁目 (豊島区) 50 A4

Komagome Hospital 駒込病院 50 B5

Komagome Station 駒込駅 50 A4

Koma Theater コマ劇場 27 F1

Komatsu Annex コマツアネックス 10 D4

Komatsu Building 小松ビル 16 D5

Komatsugawa 1–4 (Edogawa-ku) 小松川1〜4丁目 (江戸川区) 60 B3

Komatsugawa-bashi (bridge) 小松川橋 60 C3

Komazawa 1–5 (Setagaya-ku) 駒沢1〜5丁目 (世田谷区) 64 A5

Komazawa 1–5 (Setagaya-ku) 駒沢公園 (世田谷区) 64 A6

Komazawa-Daigaku Station 駒沢大学駅 64 A5

Komazawa Olympic Park 駒沢オリンピック公園 64 A5

Komazawa University 駒沢大学 64 A5

Komazawa Univ. (Tamagawa) 駒沢大学 (玉川) 63 E6

Kōmeitō (New Kōmeitō) 公明党 29 G1

Komone 1–5 (Itabashi-ku) 小茂根1〜5丁目 (板橋区) 48 C3

Kōnan 1–5 (Minato-ku) 港南1〜5丁目 (港区) 66 A5

Konnō Hachimangū (shrine) 金王八幡宮 31 E5

Kōnodai Station 国府台駅 53 G4

Konwa Building コンワビル 11 G5

Kōraku 1–2 (Bunkyō-ku) 後楽1〜2丁目 (文京区) 58 A2

Kōrakuen Hall 後楽園ホール 58 A2

Kōrakuen Station (subway) 後楽園駅 (地下鉄) 58 A2

Kōsei Chūō Hospital 厚生中央病院 36 B3

Kōsei Nenkin Hall 厚生年金会館 57 F4

Kōsei Rōdōshō (Ministry of Health, Labour and Welfare) 厚生労働省 17 H4

Kōshinzuka Station 庚申塚駅 49 H3

Kosuge 1–4 (Katsushika-ku) 小菅1〜4丁目 (葛飾区) 51 H2

Kosuge Station 小菅駅 51 G2

Kotakechō 1–2 (Nerima-ku) 小竹町1〜2丁目 (練馬区) 48 C4

Kotake-Mukaihara Station (subway) 小竹向原駅 (地下鉄) 48 C4

Kōtōbashi 1–5 (Sumida-ku) 江東橋1〜5丁目 (墨田区) 59 G3

Kotobuki 1–4 (Taitō-ku) 寿1〜4丁目 (台東区) 59 E2

Kotobukichō 1–4 (Yokohama City) 寿町1〜4丁目 (横浜市) 83 E6

Kōtō-ku 江東区 59 60 67 68 74

Kototoi-bashi (bridge) 言問橋 59 F1

Kōtō Ward Office 江東区役所 59 G6

Kōtsū Hakubutsukan (Transportation Musm) 交通博物館 21 G4

Kōtsū Kaikan (Tokyo Kōtsū Kaikan) 東京交通会館 11 E1

Kōwa Building No. 20 興和ビル20 12 B4

Kōwa Building No. 25 興和ビル25 18 D1

Kōwa Building No. 32 興和ビル32 33 E3

Kōwa Building No. 33 興和ビル35 14 B2

Kōwa Building No. 36 興和ビル36 19 E1

Kōwa Building No. 38 (Embassies Bldg) 興和ビル38 (大使館ビル) 32 B3

Kōwa Hitotsubashi Building 興和一ツ橋ビル 20 D6

Kōyama 1–4 (Nerima-ku) 向山1〜4丁目 (練馬区) 47 H4

Koyama 1–7 (Shinagawa-ku) 小山1〜7丁目 (品川区) 65 F6

Koyamadai 1–2 (Shinagawa-ku) 小山台1〜2丁目 (品川区) 65 E6

Kōya Station 高野駅 42 C6

KS Building KSビル 18 D1

Kudan Common Government Bldg 九段合同庁舎 20 B5

Kudan Kaikan (hall) 九段会館 20 A5

Kudan-Kita 1–4 (Chiyoda-ku) 九段北1〜4丁目 (千代田区) 58 A3

Kudan-Minami 1–4 (Chiyoda-ku) 九段南1〜4丁目 (千代田区) 58 A3

Kudan Post Office 九段郵便局 20 A5

Kudanshita Station (subway) 九段下駅 (地下鉄) 20 A5

Kugahara 1–6 (Ōta-ku) くが原 1〜6丁目 (大田区) 72 D5

Kugahara Station 久が原駅 72 C5

Kugayama 1–5 (Suginami-ku) 久我山1〜5丁目 (杉並区) 54 D4

Kugayama Station 久我山駅 54 D4
Kuhombutsu Station 九品仏駅 72 A2
Kuji Station 久地駅 70 C1
Kumanochō (Itabashi-ku) 熊野町（板橋区） 49 E4
Kumano-jinja 熊野神社 26 A3
Kumanomae Station 熊野前駅 50 C3
Kume Art Museum 久米美術館 36 C6
Kunaichō (Imperial Household Agcy) 宮内庁 58 B5
Kuramae 1–4 (Taitō-ku) 蔵前 1 ～ 4 丁目（台東区） 59 E2
Kuramae Station (subway) 蔵前駅（地下鉄） 23 E6
Kurihara 1–4 (Adachi-ku) 栗原 1 ～ 4 丁目（足立区） 43 E5
Kuroda Seiki Meml Hall 黒田清輝記念室 22 B1
Kyōbashi 1–3 (Chūō-ku) 京橋 1 ～ 3 丁目（中央区） 58 C5
Kyōbashi Chiyoda Building 京橋千代田ビル 9 E6
Kyōbashi Dai-Ichi Seimei Bldg 京橋第一生命ビル 11 G1
Kyōbashi JCT. 京橋ジャンクション 11 H2
Kyōbashi-dōri Post Office 京橋通郵便局 11 G1
Kyōbashi Post Office 京橋郵便局 11 G6
Kyōbashi Station (subway) 京橋駅（地下鉄） 9 E6
Kyōcera Building 京セラビル 30 D1
Kyōdō 1–5 (Setagaya-ku) 経堂 1 ～ 5 丁目（世田谷区） 63 G2
Kyōdō News 共同通信 12 B1
Kyōdō Station 経堂駅 63 G2
Kyodo to Tenmon no Hakubutsukan (Katsushika Musm) 郷土と
　天文の博物館 52 B2
Kyōjima 1–3 (Sumida-ku) 京島 1 ～ 3 丁目（墨田区） 59 H1
Kyōrin University 杏林大学 54 A6
Kyōrin Univ. Hospital 杏林大学病院 54 A5
Kyōritsu Pharmaceutical University 共立薬科大学 12 D4
Kyōritsu Women's University 共立女子大学 20 C5
Kyōun Building 杏雲ビル 21 E3
Kyōundō Hospital 杏雲堂病院 21 E3
Kyūden 1–5 (Setagaya-ku) 給田 1 ～ 5 丁目（世田谷区） 62 C1
Kyū Furukawa Garden 旧古河庭園 50 A4
Kyūseigun (Salvation Army) 救世軍 20 C5
Kyū-Shiba-Rikyū Garden 旧芝離宮恩賜庭園 13 E2
Kyū-Yasuda Garden 旧安田庭園 59 E3

L
Laforet Harajuku ラフォーレ原宿 28 A6
Laforet Museum ラフォーレ ミュージアム 14 C2
LaLaport Toyosu ららぽーと豊洲 67 E2
Landmark Tower Yokohama 横浜ランドマークタワー 82 C2
La Qua ラクーア 58 A2
Large Open-Air Concert Hall 野外大音楽堂 10 A3
Le Cinema ル・シネマ（映画） 30 A3
Le FROMT ルフロン 81 E2
Legal Training Research Institute 司法研修所 38 D6
Le Theatre Ginza ル・テアトル銀座 11 G2
Liberal Democratic Party (H.O.) 自由民主党本部 16 D2
Libro (Book Center Libro) ブックセンターリブロ 24 D5
Livin Kinshichō リヴィン錦糸町 37 G5
LIVIN OZ Ōizumi リヴィンオズ大泉 46 C3
Local Autonomy College 自治大学校 33 F1
Lotte (H.O.) ロッテ（本社） 26 A3
Lotte Plaza ロッテプラザ 37 G4
Lumine (Shinjuku) ルミネ（新宿店） 27 E4
Lumine (Yokohama) ルミネ（横浜店） 81 G5
Lycée Franco-Japonais フランス人学校 58 A3

M
Mabashi Station 馬橋駅 45 H1
Machiya 1–8 (Arakawa-ku) 町屋 1 ～ 8 丁目（荒川区） 50 D3
Machiya-Ekimae Station 町屋駅前駅 50 (D4)
Machiya Nichōme Station 町屋二丁目駅 50 D4
Machiya Station 町屋駅 50 D4
Maenochō 1–6 (Itabashi-ku) 前野町 1 ～ 6 丁目（板橋区） 48 D1
Maesatochō 1–4 (Yokohama City) 前里町 1 ～ 4 丁目（横浜市）
　82 A6
Magazine House マガジンハウス 11 G4
Magome Station (subway) 馬込駅（地下鉄） 73 F3
Maihama Station 舞浜駅 69 E4
Mainichi Newspapers 毎日新聞 20 C6
Maison Franco-Japonaise 日仏会館 36 C2
Makino Memorial Garden 牧野記念庭園 46 B3
Marine Tower マリンタワー 83 G5
Maruha Building マルハビル 8 C2
Marui (Kawasaki) マルイ（川崎店） 81 E2
Marui (Kinshichō) マルイ（錦糸町店） 37 F5
Marui CITY (Ikebukuro) マルイシティ（池袋店） 24 B3
Marui CITY (Shibuya) マルイシティ（渋谷店） 30 C3
Marui CITY (Shinjuku) マルイシティ（新宿店） 27 G3
Marui CITY (Ueno) マルイシティ（上野店） 22 C5
Marui (Yokohama Higashiguchi) 丸井（横浜東口店） 81 H5
Maruko-bashi (bridge) 丸子橋 72 B4
Marunouchi 1–3 (Chiyoda-ku) 丸の内 1 ～ 3 丁目（千代田区） 58 C5
Marunouchi Building 丸の内ビル 8 C4
Marunouchi Center Building 丸の内センタービル 8 D3
Marunouchi Mitsui Building 丸の内三井ビル 8 C5
Marunouchi My Plaza 丸の内マイプラザ 8 C5
Marunouchi OAZO 丸の内オアゾ 8 D3
Marunouchi Trust Tower 丸の内トラストタワー 9 E4
Marunouchi Yaesu Building 丸の内八重洲ビル 8 C5
Maruyama 1–2 (Nakano-ku) 丸山（中野区） 48 A6
Maruyamachō (Shibuya-ku) 円山町（渋谷区） 64 D2
Maruzen (Marunouchi) 丸善（丸の内） 8 D3
Maruzen (Nihombashi) 丸善（日本橋） 9 F4
Masakado Kubizuka 将門首塚 8 C2
Masonic 38 MT Building メソニック 38MT ビル 14 D1
Masonic 39 MT Building メソニック 39MT ビル 14 D1
Matsubara 1–6 (Setagaya-ku) 松原 1 ～ 6 丁目（世田谷区） 63 H1
Matsubara Station 松原駅 63 H1
Matsudo City (Chiba-ken) 松戸市（千葉県） 45 53
Matsudo City Office 松戸市役所 45 G4
Matsudo Station 松戸駅 45 G5
Matsue 1–7 (Edogawa-ku) 松江 1 ～ 7 丁目（江戸川区） 60 D4
Matsugaoka 1–2 (Nakano-ku) 松が丘 1 ～ 2 丁目（中野区） 48 B6
Matsugaya 1–4 (Taitō-ku) 松が谷 1 ～ 4 丁目（台東区） 59 E1
Matsujitsu Seito Kyōkai (Church of Jesus Christ) 末日聖徒イエス・
　キリスト教会 33 F2
Matsukagechō 1–4 (Yokohama City) 松影町 1 ～ 4 丁目（横浜市） 83
　E6
Matsumoto 1–2 (Edogawa-ku) 松本 1 ～ 2 丁目（江戸川区） 61 E1
Matsunoki 1–3 (Suginami-ku) 松ノ木 1 ～ 3 丁目（杉並区） 55 H3
Matsuoka Art Museum 松岡美術館 34 A6
Matsushima 1–4 (Edogawa-ku) 松島 1 ～ 4 丁目（江戸川区） 60 C2
Matsuya Dept Store (Asakusa) 松屋（浅草店） 23 H3
Matsuya Dept Store (Ginza) 松屋（銀座店） 11 F3
Matsuzakaya Dept Store (Ginza) 松坂屋（銀座店） 11 E4

Matsuzakaya Dept Store (Ueno)　松坂屋（上野店）　22　B6
Matsuzawa Hospital　都立松沢病院　63　F1
Media Tower　メディアタワー　12　B1
Meguro 1–4 (Meguro-ku)　目黒 1 ～ 4 丁目（目黒区）　65　E4
Meguro Cinema　目黒シネマ　36　C6
Meguro Fudōson (temple)　目黒不動尊（寺院）　65　F5
Meguro-Honchō 1–6 (Meguro-ku)　目黒本町 1 ～ 6 丁目（目黒区）　64　D6
Meguro-ku　目黒区　64　72
Meguro Museum of Art　目黒区美術館　36　A6
Meguro Parasitological Museum　目黒寄生虫館　65　E5
Meguro Post Office　目黒郵便局　64　D5
Meguro Public Hall　目黒区公会堂　64　D5
Meguro Station　目黒駅　36　C6
Meguro Ward Office　目黒区役所　64　D5
Meidaimae Station　明大前駅　56　A6
Meidi-ya (food shop)　明治屋　9　E6
Meiji Gakuin University　明治学院大学　34　A3
Meiji-jingū (shrine)　明治神宮　28　A3
Meiji-jingū Bunka-kan　明治神宮文化館　28　A4
Meiji-jingūmae Station (subway)　明治神宮前駅（地下鉄）　28　A6
Meiji-jingū Outer Gardens　神宮外苑　29
Meiji-jingū Treasure House　明治神宮宝物館　57　E5
Meiji Kinenkan (Meml Hall)　明治記念館　29　G2
Meiji Meml Picture Gallery　聖徳記念絵画館　29　E1
Meiji Park　明治公園　28　D2
Meiji Seimei Building　明治生命ビル　8　C5
Meiji University　明治大学　20　D4
Meiji Univ. (Comm.)　明治大学（商学部）　20　D3
Meiji Univ. (Izumi)　明治大学（和泉）　55　H6
Meiji Univ. Archaeological Museum　明治大学考古学博物館　20　D3
Meiji Yasuda Seimei Bldg　明治安田生命ビル　27　E3
Meiji-za (theater)　明治座　59　E4
Mejiro 1–5 (Toshima-ku)　目白 1 ～ 5 丁目（豊島区）　49　E6
Mejiro-dai 1–3 (Bunkyō-ku)　目白台 1 ～ 3 丁目（文京区）　57　G1
Mejiro Station　目白駅　49　E6
Meml Museum of the Printing Bureau　国立印刷局記念館　18　C6
Memorial Ship Mikasa　記念艦三笠　84　A1
Meteorological Agency　気象庁　8　C1
Metro Plaza　メトロプラザ　30　D3
Metropolitan Archives (Tokyo Metr. Archives)　東京都公文書館　13　E1
Metropolitan Assembly Hall　東京都議会議事堂　26　C4
Metropolitan Bokutō Hospital　都立墨東病院　37　H6
Metropolitan Children's House　東京都児童会館　30　D3
Metropolitan Ebara Hospital (Ebara Hospital)　都立荏原病院　72　D3
Metropolitan Geriatric Hospital　老人医療センター　49　E3
Metropolitan Guesthouse　東京都迎賓館　36　D5
Metropolitan Hibiya Library　都立日比谷図書館　10　A3
Metropolitan Hiro-o Hospital　都立広尾病院　33　H4
Metropolitan Komagome Hospital (Komagome Hospital)　都立駒込病院　50　B5
Metropolitan Matsuzawa Hospital　都立松沢病院　63　F1
Metropolitan Ōkubo Hospital (Ōkubo Hospital)　都立大久保病院　27　F1
Metropolitan Ōtsuka Hospital　都立大塚病院　49　H6
Metropolitan Plaza　メトロポリタンプラザ　24　C4
Metropolitan Teien Art Museum　東京都庭園美術館　36　D5
Metropolitan Umegaoka Hospital (Umegaoka Hospital)　都立梅ヶ丘病院　63　H2

MI Building　MI ビル　37　G1
Midori 1–4 (Sumida-ku)　緑 1 ～ 4 丁目（墨田区）　59　F3
Midorichō (Yokohama City)　緑町（横浜市）　82　B1
Midorigaoka 1–3 (Meguro-ku)　緑ヶ丘 1 ～ 3 丁目（目黒区）　72　C1
Midorigaoka Cemetery　緑ヶ丘霊園　70　C2
Midorigaoka Station　緑ヶ丘駅　72　C2
Mielparque Hall　メルパルクホール　13　E4
Mielparque Tokyo　メルパルク東京　13　E4
Mielparque Yokohama　メルパルク横浜　83　H5
Miharadai 1–3 (Nerima-ku)　三原台 1 ～ 3 丁目（練馬区）　46　D2
Miharudai (Yokohama City)　三春台（横浜市）　82　A6
Mikawashima Station　三河島駅　50　D5
Mikimoto Pearl　ミキモト　11　E3
Milano-za (cinema)　ミラノ座（映画）　27　E1
Minami 1–3 (Meguro-ku)　南 1 ～ 3 丁目（目黒区）　72　D1
Minami-Aoyama 1–7 (Minato-ku)　南青山 1 ～ 7 丁目（港区）　65　F1
Minami-Asagaya Station (subway)　南阿佐ヶ谷駅（地下鉄）　55　G3
Minami-Azabu 1–5 (Minato-ku)　南麻布 1 ～ 5 丁目（港区）　65　H3
Minamichō (Itabashi-ku)　南町（板橋区）　49　E4
Minamichō (Kawasaki City)　南町（川崎市）　81　F3
Minamichō (Shinjuku-ku)　南町（新宿区）　18　A4
Minamidai 1–5 (Nakano-ku)　南台 1 ～ 5 丁目（中野区）　56　B5
Minami-Enokichō (Shinjuku-ku)　南榎町（新宿区）　18　A4
Minami-Gyōtoku Station (subway)　南行徳駅（地下鉄）　61　G6
Minami-Hanahata 1–5 (Adachi-ku)　南花畑 1 ～ 5 丁目（足立区）　43　H4
Minami-Hatogaya Station　南鳩ヶ谷駅　41　H1
Minami-Ikebukuro 1–4 (Toshima-ku)　南池袋 1 ～ 4 丁目（豊島区）　49　G6
Minami-Kamata 1–3 (Ōta-ku)　南蒲田 1 ～ 3 丁目（大田区）　77　G2
Minami-Karasuyama 1–6 (Setagaya-ku)　南烏山 1 ～ 6 丁目（世田谷区）　62　C1
Minami-Kasai 1–7 (Edogawa-ku)　南葛西 1 ～ 7 丁目（江戸川区）　68　D2
Minami-Koiwa 1–8 (Edogawa-ku)　南小岩 1 ～ 8 丁目（江戸川区）　53　E6
Minami-Kugahara 1–2 (Ōta-ku)　南久が原 1 ～ 2 丁目（大田区）　72　D5
Minami-Magome 1–6 (Ōta-ku)　南馬込 1 ～ 6 丁目（大田区）　73　F4
Minami-Mizumoto 1–4 (Katsushika-ku)　南水元 1 ～ 4 丁目（葛飾区）　44　C6
Minami-Motomachi (Shinjuku-ku)　南元町（新宿区）　29　H1
Minami-Nagasaki 1–6 (Toshima-ku)　南長崎 1 ～ 6 丁目（豊島区）　48　D6
Minaminaka-dōri 1–5 (Yokohama City)　南仲通 1 ～ 5 丁目（横浜市）　83　E4
Minami-Ogikubo 1–4 (Suginami-ku)　南荻窪 1 ～ 4 丁目（杉並区）　55　E3
Minami-Ōi 1–6 (Shinagawa-ku)　南大井 1 ～ 6 丁目（品川区）　73　H3
Minami-Ōizumi 1–6 (Nerima-ku)　南大泉 1 ～ 6 丁目（練馬区）　46　A3
Minami-Ōtsuka 1–3 (Toshima-ku)　南大塚 1 ～ 3 丁目（豊島区）　49　H5
Minami-Rokugō 1–3 (Ōta-ku)　南六郷 1 ～ 3 丁目（大田区）　77　G3
Minami-Saiwai 1–2 (Yokohama City)　南幸 1 ～ 2 丁目（横浜市）　81　F6
Minami-Senju 1–8 (Arakawa-ku)　南千住 1 ～ 8 丁目（荒川区）　51　F4
Minami-Senju Station　南千住駅　51　F5
Minami-Senzoku 1–3 (Ōta-ku)　南千束 1 ～ 3 丁目（大田区）　72　D2
Minami-Shinagawa 1–6 (Shinagawa-ku)　南品川 1 ～ 6 丁目（品川区）　73　H1
Minami-Shinjuku Station　南新宿駅　27　E6
Minami-Shinozakichō 1–5 (Edogawa-ku)　南篠崎町 1 ～ 5 丁目（江戸川区）　61　G3
Minami-Suna 1–7 (Kōtō-ku)　南砂 1 ～ 7 丁目（江東区）　59　H6
Minami-Sunamachi Station (subway)　南砂町駅（地下鉄）　59　H6

Minami-Tanaka 1–5 (Nerima-ku) 南田中 1〜5丁目（練馬区） 47 E4
Minami-Tokiwadai 1–2 (Itabashi-ku) 南常盤台 1〜2丁目（板橋区） 48 D2
Minami-Yamabushichō (Shinjuku-ku) 南山伏町（新宿区） 18 A6
Minami-Yukigaya 1–5 (Ōta-ku) 南雪谷 1〜5丁目（大田区） 72 C4
Minato 1–3 (Chūō-ku) 湊 1〜3丁目（中央区） 58 D6
Minatochō Station 港町駅 77 F4
Minatogaoka Futō Park みなとが丘ふ頭公園 74 C3
Minato-ku 港区 57 58 65 66
Minato Mirai 1–5 (Yokohama City) みなとみらい 1〜5丁目（横浜市） 82 C1
Minato Mirai 21 (Central Area) みなとみらい21（中央地区） 82 D1
Minato Mirai 21 (Shinkō Area) みなとみらい21（新港地区） 83 E2
Minato Mirai 21 Yokohama-kan みなとみらい21横浜館 82 D1
Minato Mirai Hall みなとみらいホール 82 D1
Minatono-mieruoka Park 港の見える丘公園 83 H6
Minato Ward Office 港区役所 12 D4
Ministry of Agriculture, Forestry and Fisheries 農林水産省 17 G4
Ministry of Economy, Trade and Industry 経済産業省 17 G5
Ministry of Education, Culture, Sports, Science and Technology 文部科学省 17 F5
Ministry of the Environment 環境省 17 H4
Ministry of Finance 財務省 17 F4
Ministry of Foreign Affairs 外務省 17 F4
Ministry of Foreign Affairs Iikura Kōkan 外務省飯倉公館 14 D3
Ministry of Health, Labour and Welfare 厚生労働省 17 H4
Ministry of Justice 法務省 17 H3
Ministry of Land, Infrastructure and Transport 国土交通省 17 G3
Ministry of Public Management, Home Affairs, Posts and Telecommunications 総務省 17 G3
Ministry of Public Management, Home Affairs, Posts and Telecommunications Iikura Annex 総務省飯倉分館 14 D2
Minowa 1–2 (Taitō-ku) 三ノ輪 1〜2丁目（台東区） 51 E6
Minowabashi Station 三ノ輪橋駅 51 E5
Minowa Station (subway) 三ノ輪駅（地下鉄） 51 E5
Minshutō (Democratic Party of Japan) 民主党 16 D2
Mint Bureau Tokyo Branch 造幣局東京支局 25 H5
Minumadai-Shinsuikōen Station 見沼代親水公園駅 42 C1
Misakichō 1–3 (Chiyoda-ku) 三崎町 1〜3丁目（千代田区） 58 B3
Mishuku 1–2 (Setagaya-ku) 三宿 1〜2丁目（世田谷区） 64 C3
Misono 1–2 (Itabashi-ku) 三園 1〜2丁目（板橋区） 39 H4
Misuji 1–2 (Taitō-ku) 三筋 1〜2丁目（台東区） 59 E2
Mita 1–2 (Meguro-ku) 三田 1〜2丁目（目黒区） 65 F4
Mita 1–5 (Minato-ku) 三田 1〜5丁目（港区） 66 A2
Mita-dai Post Office 三田台郵便局 65 H2
Mitaka City 三鷹市 54 62
Mitakadai Station 三鷹台駅 54 C4
Mitaka-no-mori Ghibli Museum 三鷹の森ジブリ美術館 54 A3
Mitaka Station 三鷹駅 54 A2
Mita Kokusai Building 三田国際ビル 15 G1
Mita Station (subway) 三田駅（地下鉄） 13 H5
Mitsubishi Building 三菱ビル 8 C5
Mitsubishi Electric Building 三菱電機ビル 8 C5
Mitsubishi Jūkō Building 三菱重工ビル 8 C5
Mitsubishi Jūkō Yokohama Bldg 三菱重工横浜ビル 82 C2
Mitsubishi Motors 三菱自動車 13 H5
Mitsubishi Shōji Building 三菱商事ビル 8 C6
Mitsubishi Shōji Building (Annex) 三菱商事ビル（別館） 8 C4

Mitsubishi Sōken Building 三菱総研ビル 8 D1
Mitsubishi Trust (H.O.) 三菱信託（本店） 8 D3
Mitsui Main Building 三井本館 9 F2
Mitsui Building Annex 三井別館 9 F2
Mitsui Bussan Building 三井物産ビル 8 C1
Mitsui Club 三井倶楽部 15 G3
Mitsuike Park 三ツ池公園 76 A6
Mitsui Sumitomo Insurance (H.O.) 三井住友海上（本社） 21 E4
Mitsui Mutual Life Insurance (H.O.) 三井生命（本社） 8 C1
Mitsui Sumitomo Bank (Sumitomo Mitsui Bank／H.O.) 三井住友銀行（本店） 10 C2
Mitsukoshi Dept Store (Ebisu) 三越（恵比寿） 36 B2
Mitsukoshi Dept Store (Ginza) 三越（銀座） 11 E3
Mitsukoshi Dept Store (Ikebukuro) 三越（池袋） 25 E3
Mitsukoshi Dept Store (main store) 三越（本店） 9 F2
Mitsukoshi Dept Store (Shinjuku) 三越（新宿店） 27 F3
Mitsukoshimae Station (subway) 三越前駅（地下鉄） 9 F3
Miyagawachō 1–3 (Yokohama City) 宮川町 1〜3丁目（横浜市） 82 C4
Miyagi 1–2 (Adachi-ku) 宮城 1〜2丁目（足立区） 50 B2
Miyagi Michio Memorial Hall 宮城道雄記念館 18 A4
Miyakezaka 三宅坂 17 E1
Miyakezaka Junction 三宅坂ジャンクション 17 E1
Miyamae 1–5 (Suginami-ku) 宮前 1〜5丁目（杉並区） 55 E4
Miyamaechō (Kawasaki City) 宮前町（川崎市） 81 H3
Miyamaedaira Station 宮前平駅 70 B4
Miyamae-ku (Kawasaki City) 宮前区（川崎市） 70 B5
Miyamae Ward Office (Kawasaki City) 宮前区役所（川崎市） 70 B4
Miyamotochō (Itabashi-ku) 宮本町（板橋区） 49 E1
Miyamotochō (Kawasaki City) 宮本町（川崎市） 81 H1
Miyanomae Station 宮ノ前駅 50 C3
Miyanosaka Station 宮の坂駅 63 H3
Miyasaka 1–3 (Setagaya-ku) 宮坂 1〜3丁目（世田谷区） 63 H2
Miyazakichō (Yokohama City) 宮崎町（横浜市） 82 B3
Miyazakidai Station 宮崎台駅 70 C4
Miyoshi 1–4 (Kōtō-ku) 三好 1〜4丁目（江東区） 59 F5
Mizonokuchi Station 溝の口駅 71 E2
Mizue 1–2 (Edogawa-ku) 瑞江 1〜2丁目（江戸川区） 61 F3
Mizue Station (subway) 瑞江駅（地下鉄） 61 G3
Mizuho Asset Trust Bank (H.O.) みずほアセット信託（本店） 9 F3
Mizuho Bank (H.O.) みずほ銀行（本店） 10 B4
Mizuho Corporate Bank (H.O.) みずほコーポレート銀行（本店） 8 C3
Mizumoto 1–5 (Katsushika-ku) 水元 1〜5丁目（葛飾区） 44 C5
Mizumoto-Kōen (Katsushika-ku) 水元公園（葛飾区） 44 D4
Mizumoto Park 水元公園 44 D4
Mizuno (H.O.) ミズノ（本社） 21 E4
Mokuba-kan 木馬館 23 G2
Mombu Kagakushō (Ministry of Education, Culture, Sports, Science and Technology) 文部科学省 (17 F5)
Momijigaoka (Yokohama City) 紅葉ヶ丘（横浜市） 82 B3
Momoi 1–4 (Suginami-ku) 桃井 1〜4丁目（杉並区） 55 E1
Monzen-Nakachō 1–2 (Kōtō-ku) 門前仲町 1〜2丁目（江東区） 59 E6
Monzen-Nakachō Station (subway) 門前仲町駅（地下鉄） 59 E6
Mōri 1–2 (Kōtō-ku) 毛利 1〜2丁目（江東区） 59 G4
Mori Building No. 10 森ビル10 17 G6
Mori Building No. 17 森ビル17 12 A5
Mori Building No. 21 森ビル21 14 B3
Mori Building No. 25 森ビル25 14 B3
Mori Building No. 28 森ビル28 32 B4

Mori Building No. 31　森ビル 31　19　H5
Mori Building No. 32　森ビル 32　12　D6
Mori Building No. 33　森ビル 33　12　A6
Mori Building No. 36　森ビル 36　12　A6
Mori Building No. 37　森ビル 37　12　A6
Morigasaki Park　森ケ崎公園　78　A1
Morinaga Plaza　森永プラザ　13　H6
Morishita 1–5 (Kōtō-ku)　森下 1 ～ 5 丁目（江東区）　59　F4
Morishita Station (subway)　森下駅（地下鉄）　59　F4
Mormon Church (Church of Jesus Christ)　末日聖徒イエス・キリスト教会　33　F2
Moto-Akasaka 1–2 (Minato-ku)　元赤坂 1 ～ 2 丁目（港区）　57　G6
Moto-Asakusa 1–4 (Taitō-ku)　元浅草 1 ～ 4 丁目（台東区）　59　E2
Moto-Azabu 1–3 (Minato-ku)　元麻布 1 ～ 3 丁目（港区）　65　H2
Motohamachō 1–4 (Yokohama City)　元浜町 1 ～ 4 丁目（横浜市）　83　E4
Moto-Hasunuma Station (subway)　本蓮沼駅（地下鉄）　49　E1
Motoki 1–2 (Adachi-ku)　本木 1 ～ 2 丁目（足立区）　50　D1
Motoki-Higashimachi (Adachi-ku)　本木東町（足立区）　50　D1
Motoki-Kitamachi (Adachi-ku)　本木北町（足立区）　50　D1
Motoki-Minamimachi (Adachi-ku)　本木南町（足立区）　50　D1
Motoki-Nishimachi (Adachi-ku)　本木西町（足立区）　50　D1
Motomachi 1–5 (Yokohama City)　元町 1 ～ 5 丁目（横浜市）　83　G6
Motorcycle Town　バイクタウン　22　D3
Moto-Sumiyoshi Station　元住吉駅　72　A6
Moto-Yoyogichō (Shibuya-ku)　元代々木町（渋谷区）　56　C6
Mukai-Gawara Station　向河原駅　72　B6
Mukaihara 1–3 (Itabashi-ku)　向原 1 ～ 3 丁目（板橋区）　48　C4
Mukōgaoka 1–2 (Bunkyō-ku)　向丘 1 ～ 2 丁目（文京区）　50　B6
Mukōhara Station　向原駅　49　G5
Mukōjima 1–5 (Sumida-ku)　向島 1 ～ 5 丁目（墨田区）　59　G1
Mukōjima Hyakkaen　向島百花園　51　G6
Mukōjima Post Office　向島郵便局　51　H6
Musashi Institute of Technology　武蔵工業大学　71　H3
Musashi-Kosugi Station　武蔵小杉駅　72　A5
Musashi-Koyama Station　武蔵小山駅　65　E6
Musashi-Mizonokuchi Station　武蔵溝ノ口駅　71　E3
Musashi-Nakahara Station　武蔵中原駅　71　H5
Musashi-Nitta Station　武蔵新田駅　72　D6
Musashino Academia Musicae　武蔵野音楽大学　48　B4
Musashino City　武蔵野市　46　54
Musashino City Office　武蔵野市役所　54　A1
Musashino-kan (cinema)　武蔵野（映画）　27　F3
Musashino Post Office　武蔵野郵便局　54　A1
Musashiseki Park　武蔵関公園　46　A6
Musashiseki Station　武蔵関駅　46　B2
Musashi-Shinjō Station　武蔵新城駅　71　G4
Musashi University　武蔵大学　48　B4
Museum of Contemporary Art Tokyo　東京都現代美術館　59　G5
Museum of Maritime Science　船の科学館　66　C6
Museum of Modern Japanese Literature　日本近代文学館　64　C1
Mutsugi 1–4 (Adachi-ku)　六木 1 ～ 4 丁目（足立区）　44　A3
My City　マイシティ　27　F3
Myōgadani Station (subway)　茗荷谷駅（地下鉄）　57　H1
Myōhō-ji (temple)　妙法寺　56　A3
MYLORD　ミロード　27　E4

N
Nagahara Station　長原駅　73　E2

Nagasaki 1–6 (Toshima-ku)　長崎 1 ～ 6 丁目（豊島区）　48　D5
Nagatachō 1–2 (Chiyoda-ku)　永田町 1 ～ 2 丁目（千代田区）　58　A6
Nagatachō Station (subway)　永田町駅（地下鉄）　16　C2
Nagisa Park　なぎさ公園　69　E3
Naikaku Bunko (Cabinet Library)　内閣文庫　8　B2
Naikakufu (Cabinet Office)　内閣府　17　E4
Naitōmachi (Shinjuku-ku)　内藤町（新宿区）　57　F4
Nakachō (Itabashi-ku)　仲町（板橋区）　49　E3
Nakachō (Shinjuku-ku)　中町（新宿区）　18　A4
Nakachō 1–2 (Meguro-ku)　中町 1 ～ 2 丁目（目黒区）　64　D5
Nakadai 1–3 (Itabashi-ku)　中台 1 ～ 3 丁目（板橋区）　48　C1
Nakagawa 1–5 (Adachi-ku)　中川 1 ～ 5 丁目（足立区）　44　B6
Nakagawa-ōhashi (bridge)　中川大橋　52　C2
Nakahara (Kawasaki City)　中原区（川崎市）　71　72
Nakahara Ward Office (Kawasaki City)　中原区役所（川崎市）　72　A5
Nakai 1–2 (Shinjuku-ku)　中井 1 ～ 2 丁目（新宿区）　56　C1
Naka-Ikegami 1–2 (Ōta-ku)　仲池上 1 ～ 2 丁目（大田区）　73　E4
Nakai Station　中井駅　56　C1
Naka-Itabashi (Itabashi-ku)　中板橋（板橋区）　49　E2
Naka-Itabashi Station　中板橋駅　48　D2
Naka-Jūjō 1–4 (Kita-ku)　中十条 1 ～ 4 丁目（北区）　49　G1
Nakajuku (Itabashi-ku)　仲宿（板橋区）　49　F2
Naka-Kasai 1–8 (Edogawa-ku)　中葛西 1 ～ 8 丁目（江戸川区）　68　D1
Naka-ku (Yokohama City)　中区（横浜市）　83
Nakamachi (Setagaya-ku)　中町（世田谷区）　71　H1
Naka-Magome 1–3 (Ōta-ku)　中馬込 1 ～ 3 丁目（大田区）　73　F3
Nakamaruchō (Itabashi-ku)　中丸町（板橋区）　49　E4
Naka-Meguro 1–5 (Meguro-ku)　中目黒 1 ～ 5 丁目（目黒区）　65　E4
Naka-Meguro Station　中目黒駅　65　E4
Nakamura 1–3 (Nerima-ku)　中村 1 ～ 3 丁目（練馬区）　47　H5
Nakamurabashi Station　中村橋駅　47　G4
Nakamura-Kita 1–4 (Nerima-ku)　中村北 1 ～ 4 丁目（練馬区）　47　H5
Nakamura-Minami 1–3 (Nerima-ku)　中村南 1 ～ 3 丁目（練馬区）　47　H6
Nakane 1–2 (Meguro-ku)　中根 1 ～ 2 丁目（目黒区）　72　B1
Nakano 1–6 (Nakano-ku)　中野 1 ～ 6 丁目（中野区）　56　B2
Nakanobu 1–6 (Shinagawa-ku)　中延 1 ～ 6 丁目（品川区）　73　F2
Nakanobu Station　中延駅　73　F2
Nakano-Fujimichō Station (subway)　中野富士見町駅（地下鉄）　56　B4
Nakano Kita Post Office　中野北郵便局　48　A6
Nakano-ku (Nakano-ku)　中野区　48　55　56
Nakano Post Office　中野郵便局　56　B2
Nakano-Sakaue Station (subway)　中野坂上駅（地下鉄）　56　C3
Nakano-Shimbashi Station (subway)　中野新橋駅（地下鉄）　56　B4
Nakano Station　中野駅　56　B2
Nakano Sun Plaza　中野サンプラザ　56　B2
Nakano Ward Office　中野区役所　56　A2
Nakano ZERO　なかの ZERO　56　B2
Naka-Ochiai 1–4 (Shinjuku-ku)　中落合 1 ～ 4 丁目（新宿区）　48　D6
Naka-Okachimachi Station (subway)　仲御徒町駅（地下鉄）　58　D2
Naka Post Office　中郵便局　82　C6
Naka-Rokugō 1–4 (Ōta-ku)　仲六郷 1 ～ 4 丁目（大田区）　77　F2
Naka Ward Office (Yokohama City)　中区役所（横浜市）　83　F5
Nakazato 1–3 (Kita-ku)　中里 1 ～ 3 丁目（北区）　50　A3
Nakazatochō (Shinjuku-ku)　中里町（新宿区）　57　H2
Nambuzaka Church　南部坂教会　33　F2
Nandomachi (Shinjuku-ku)　納戸町（新宿区）　18　B5
Nanja Town　ナンジャタウン　25　G4

Nanpeidaichō (Shibuya-ku) 南平台町 (渋谷区) 65 E2
Narihira 1–5 (Sumida-ku) 業平 1 ～ 5 丁目 (墨田区) 59 G2
Narihirabashi Station 業平橋駅 59 G1
Narimasu 1–5 (Itabashi-ku) 成増 1 ～ 5 丁目 (板橋区) 39 G5
Narimasu Station 成増駅 39 G6
Narita-Higashi 1–5 (Suginami-ku) 成田東 1～5 丁目 (杉並区) 55 G4
Narita Kūkō (New Tokyo Int'l Airport) 新東京国際空港 (成田)
    Inside back cover
Narita-Nishi 1–4 (Suginami-ku) 成田西 1～4 丁目 (杉並区) 55 F4
National Archives 国立公文書館 20 B6
National Azabu Supermarket ナショナル麻布マーケット 33 F3
National Building No. 1 ナショナルビル 1 号館 12 C4
National Cancer Center 国立がんセンター 11 F6
National Center for Child Health and Development 国立成育医療
    センター 63 E5
National Center for Child Health and Development (Research
    Institute) 国立成育医療センター (研究所) 64 B2
National Center of Sciences 学術総合センター 20 C6
National Children's Castle こどもの城 31 F3
National Diet Building (Kokkai Gijidō) 国会議事堂 17 E3
National Diet Library 国立国会図書館 17 E2
National Hospital Tokyo Medical Center 国立病院東京医療センター
    64 B5
National Institute for Educational Research 国立教育研究所 65 E5
National Institute of Japanese Literature 国文学研究資料館 73 G1
National Institute of Public Health 国立公衆衛生院 34 A5
National Museum of Modern Art 国立近代美術館 20 B6
National Museum of Western Art 国立西洋美術館 22 C3
National Nishigaoka Stadium 国立西が丘競技場 49 F1
National Noh Theater 国立能楽堂 28 B1
National Park for Nature Study 国立自然教育園 36 D4
National Police Agency 警察庁 17 G3
National Public Safety Commission 国家公安委員会 17 G3
National Science Museum 国立科学博物館 22 C2
National Shōwa Mem. Mus. 昭和館 20 A5
National Stadium 国立競技場 29 E2
National Theater 国立劇場 19 H1
National Yoyogi Stadium 国立代々木競技場 57 E6
Natural Cultural Garden 自然文化園 54 A3
NEC (H.O.) 日本電気 (本社) 13 G6
Negishi 1–5 (Taitō-ku) 根岸 1～5 丁目 (台東区) 50 D6
Negishi Forest Park 根岸森林公園 80 A6
Nerima 1–4 (Nerima-ku) 練馬 1～4 丁目 (練馬区) 47 H4
Nerima Art Museum 練馬区立美術館 47 G4
Nerima Bunka Center 練馬文化センター 48 A4
Nerima-Kasugachō Station (subway) 練馬春日町駅 (地下鉄) 47 H3
Nerima-ku 練馬区 47 48
Nerima Post Office 練馬郵便局 48 A5
Nerima Station 練馬駅 48 A4
Nerima-Takanodai Station 練馬高野台駅 47 E4
Nerima Ward Office 練馬区役所 47 H5
New Kokusai Building 新国際ビル 8 C6
New Marunouchi Building (Shin-Marunouchi Bldg) 新丸の内ビル
    8 C4
New Melsa ニューメルサ 11 E4
New National Theater 新国立劇場 26 A6
New Ōtemachi Building 新大手町ビル 8 D3
New Pier Takeshiba ニューピア竹芝 13 F1
New Shimbashi Building ニュー新橋ビル 10 B6

New Tokyo Building 新東京ビル 8 C6
New Tokyo International Airport (Narita) 新東京国際空港 (成田)
    Inside back cover
New Tokyo Post Office 新東京郵便局 67 H1
New Yūrakuchō Building 新有楽町ビル 10 D1
Nezu 1–2 (Bunkyō-ku) 根津 1～2 丁目 (文京区) 58 C1
Nezu Institute of Fine Arts 根津美術館 32 A6
Nezu-jinja (shrine) 根津神社 50 B6
Nezu Station (subway) 根津駅 (地下鉄) 58 B1
NHK Broadcasting Center NHK放送センター 30 A1
NHK Broadcast Museum NHK放送博物館 12 B5
NHK Hall NHKホール 30 B1
NHK Studio Park NHKスタジオパーク 30 B1
NHK Tech. Laboratory NHK技術研究所 63 E4
Nibanchō (Chiyoda-ku) 二番町 (千代田区) 19 F4
Nichifutsu Gakuin (Institut Franco-Japonais de Tokyo) 東京日仏
    学院 18 A3
Nichifutsu Kaikan (Maison Franco-Japonaise) 日仏会館 36 C2
Nichimen ニチメン 13 H5
Nichirei (H.O.) ニチレイ (本社) 20 A2
Nihom-bashi (bridge) 日本橋 9 G3
Nihombashi 1–3 (Chūō-ku) 日本橋 1～3 丁目 (中央区) 58 C5
Nihombashi-Bakurochō 1–2 (Chūō-ku) 日本橋馬喰町 1～2 丁目 (中央
    区) 58 D3
Nihombashi-dōri Post Office 日本橋通郵便局 9 F5
Nihombashi-Hakozakichō (Chūō-ku) 日本橋箱崎町 (中央区) 59 E5
Nihombashi-Hamachō 1–3 (Chūō-ku) 日本橋浜町 1～3 丁目 (中央区)
    59 E4
Nihombashi-Honchō 1–4 (Chūō-ku) 日本橋本町 1～4 丁目 (中央区)
    58 D4
Nihombashi-Hongokuchō 1–4 (Chūō-ku) 日本橋本石町 1～4 丁目
    (中央区) 58 C4
Nihombashi-Horidomechō 1–2 (Chūō-ku) 日本橋堀留町 1～2 丁目
    (中央区) 58 D4
Nihombashi-Kabutochō (Chūō-ku) 日本橋兜町 (中央区) 58 D5
Nihombashi-Kakigarachō 1–2 (Chūō-ku) 日本橋蛎殻町 1～2 丁目
    (中央区) 58 D5
Nihombashi-Kayabachō 1–3 (Chūō-ku) 日本橋茅場町 1～3 丁目
    (中央区) 58 D5
Nihombashi-Koamichō (Chūō-ku) 日本橋小網町 (中央区) 58 D5
Nihombashi-Kobunachō (Chūō-ku) 日本橋小舟町 (中央区) 58 D4
Nihombashi-Kodenmachō (Chūō-ku) 日本橋小伝馬町 (中央区) 58 D4
Nihombashi Mitsui Tower 日本橋三井タワー 9 F2
Nihombashi-Muromachi 1–4 (Chūō-ku) 日本橋室町 1～4 丁目 (中央区)
    58 C4
Nihombashi-Nakasu (Chūō-ku) 日本橋中洲 (中央区) 59 E5
Nihombashi-Ningyōchō 1–3 (Chūō-ku) 日本橋人形町 1～3 丁目 (中央区)
    58 D4
Nihombashi-Ōdenmachō (Chūō-ku) 日本橋大伝馬町 (中央区) 58 D4
Nihombashi Plaza 日本橋プラザ 9 F4
Nihombashi Post Office 日本橋郵便局 9 H4
Nihombashi Station (subway) 日本橋駅 (地下鉄) 9 G4
Nihombashi-Tomizawachō (Chūō-ku) 日本橋富沢町 (中央区) 58 D4
Nihombashi-Yokoyamachō (Chūō-ku) 日本橋横山町 (中央区) 58 (D3)
Nihon Bōeki Shinkōkai (JETRO) 日本貿易振興会 17 E6
Nihon Camera Hakubutsukan (JCII Camera Museum) 日本カメラ
    博物館 19 F2
Nihon Daigaku 日本大学 (→Nihon University)
Nihon Gakushiin (Japan Academy) 日本学士院 22 C2
Nihon Gangu Shiryōkan (Japan Toy Musm) 日本玩具資料館 51 G6

Nihon Geijutsu-in Kaikan (Japan Art Academy Hall) 日本芸術院会館 22 B4

Nihon Joshi Daigaku (Japan Women's Univ.) 日本女子大学 57 G1

Nihon Joshi Taiiku-Daigaku (Japan Women's Coll. of P. E.) 日本女子体育大学 54 C6

Nihon Kamera Hakubutsukan (JCII Camera Musm) 日本カメラ博物館 19 F2

Nihon Keizai Shimbun (Nikkei Newspapers) 日本経済新聞 8 D1

Nihon Kikaku Kyōkai (JIS) 日本規格協会 16 B3

Nihon Kindai Bungakukan (Musm of Modern Japanese Literature) 日本近代文学館 64 C1

Nihon Kōkū (Japan Airlines／H.O.) 日本航空 (本社) 37 G3

Nihon Kokusai Kōryū Center (Japan Center for Int'l Exchange) 日本国際交流センター 33 G1

Nihon Mingeikan (Japan Folkcrafts Musm) 日本民芸館 64 C1

Nihon-Ōdōri (Yokohama City) 日本大通 (横浜市) 83 F4

Nihon Olympic Iinkai (Japanese Olympic Committee) 日本オリンピック委員会 30 C1

Nihon Seinen Kaigisho (Japan Jr. Chamber Inc.) 日本青年会議所 16 D1

Nihon Seinen-kan 日本青年館 29 E2

Nihon Seisaku Tōshi Ginkō (Development Bank of Japan) 日本政策投資銀行 8 C1

Nihon Sekijūji Kango Daigaku (Japanese Red Cross Coll. of Nursing) 日本赤十字看護大学 33 E5

Nihon Sekijūjisha 日本赤十字社 (→Japanese Red Cross Society)

Nihon Shōbō Kaikan 日本消防会館 17 E6

Nihon Tabako Sangyō (JT／Japan Tobacco／H.O.) 日本たばこ産業 (本社) 17 E6

Nihon Tenji Toshokan (Braille Library) 日本点字図書館 57 E1

Nihon Unisys (H.O.) 日本ユニシス (本社) 67 E1

Nihon University 日本大学 64 C4

Nihon Univ. (Art) 日本大学 (芸術学部) 48 C4

Nihon Univ. (Comm.) 日本大学 (商学部) 63 E4

Nihon Univ. (Econ.) 日本大学 (経済学部) 20 C3

Nihon University (H.O.) 日本大学 (本部) 57 H4

Nihon Univ. (Human. & Sci.) 日本大学 (文理学部) 63 G1

Nihon Univ. (Law) 日本大学 (法学部) 20 B3

Nihon Univ. (Med.／Itabashi) 日本大学 (医学部／板橋) 48 D3

Nihon Univ. (Sci. & Engin.) 日本大学 (理工学部) 21 E3

Nihon Univ. Dental Hospital 日本大学歯科病院 21 E3

Nihon Univ. Hikarigaoka Hospital 日本大学光が丘病院 47 G1

Nihon Univ. Hospital 日本大学病院 21 E3

Nihon Univ. Itabashi Hospital 日本大学板橋病院 48 D3

Nihon Yakugakukai Nagai Kinenkan (Pharmaceutical Society of Japan Nagai Meml Hall) 日本薬学会長井記念館 31 F4

Nihon Yudaya Kyōdan (Jewish Community of Japan) 日本ユダヤ教団 33 E6

Nihonzutsumi 1~2 (Taitō-ku) 日本堤1~2丁目 (台東区) 51 F6

Niibori 1~2 (Edogawa-ku) 新堀1~2丁目 (江戸川区) 61 F2

Niijuku 1~6 (Katsushika-ku) 新宿1~6丁目 (葛飾区) 52 C1

Niiza City (Saitama-ken) 新座市 (埼玉県) 38 46

Niiza City Office 新座市役所 38 A4

Nijū-bashi (bridge) 二重橋 17 H1

Nijūbashimae Station (subway) 二重橋前駅 (地下鉄) 8 B5

Nijukkimachi (Shinjuku-ku) 二十騎町 (新宿区) 18 A6

Nikkan Kōgyō Newspapers 日刊工業新聞 20 A4

Nikkei Hall (Nikkei Newspapers) 日経ホール (日本経済新聞) 8 D1

Nikkei Newspapers 日本経済新聞 8 D1

Nikolai Cathedral ニコライ堂 21 F3

Ningyōchō Station (subway) 人形町駅 (地下鉄) 58 D4

Ninoechō (Edogawa-ku) 二之江町 (江戸川区) 60 D5

Ninohashi 二ノ橋 15 G4

Nippon Budō-kan 日本武道館 20 A5

Nippon Building 日本ビル 9 E3

Nippon College of Physical Education 日本体育大学 63 H6

Nippon Columbia 日本コロムビア 16 A4

Nippon Denki (NEC／H.O.) 日本電気 (本社) 13 G6

Nippon Dental University 日本歯科大学 18 B1

Nippon Foundation 日本財団 17 E6

Nippon Ginkō (Bank of Japan／H.O.) 日本銀行 (本店) 9 F2

Nippon Ika Daigaku (Nippon Med. School) 日本医科大学 50 B6

Nippon Kōa Insurance (H.O.) 日本興亜損保 (本社) 17 E5

Nippon-maru Meml Park 日本丸メモリアルパーク 82 D2

Nippon Medical School 日本医科大学 50 B6

Nippon Oil (H.O.) 新日本石油 (本社) 10 A5

Nippon Press Center Bldg 日本プレスセンタービル 17 H5

Nippon Seinen Kaigisho (Japan Junior Chamber Inc.) 日本青年会議所 16 D1

Nippon Steel Corp. (H.O.) 新日本製鉄 (本社) 9 E3

Nippon Taiiku Daigaku (Nippon Coll. of P. E.) 日本体育大学 63 H6

Nippon TV (NTV) 日本テレビ 12 A1

Nippon TV (NTV) 日本テレビ麹町社 19 F4

Nippori Station 日暮里駅 50 C6

Nishiarai 1~7 (Adachi-ku) 西新井1~7丁目 (足立区) 42 D5

Nishiarai-bashi (bridge) 西新井橋 51 E2

Nishiarai Daishi (temple) 西新井大師 42 D5

Nishiaraidaishi-nishi Station 西新井大師西駅 42 C5

Nishiarai-Honchō 1~5 (Adachi-ku) 西新井本町1~5丁目 (足立区) 42 D6

Nishiarai-Sakaechō 1~3 (Adachi-ku) 西新井栄町1~3丁目 (足立区) 43 E6

Nishiarai Station 西新井駅 43 E6

Nishi-Asakusa 1~3 (Taitō-ku) 西浅草1~3丁目 (台東区) 59 E1

Nishi-Ayase 1~4 (Adachi-ku) 西綾瀬1~4丁目 (足立区) 51 G1

Nishi-Azabu 1~4 (Minato-ku) 西麻布1~4丁目 (港区) 65 G2

Nishi-Azabu Mitsui Building 西麻布三井ビル 32 B5

Nishidai 1~4 (Itabashi-ku) 西台1~4丁目 (板橋区) 40 B6

Nishidai Station (subway) 西台駅 (地下鉄) 40 B5

Nishi-Eifuku Station 西永福駅 55 G5

Nishigahara 1~4 (Kita-ku) 西ヶ原1~4丁目 (北区) 50 A4

Nishigahara Station (subway) 西ヶ原駅 (地下鉄) 50 A3

Nishigahara-Yonchōme Station 西ヶ原四丁目駅 50 A4

Nishigaoka 1~3 (Kita-ku) 西が丘1~3丁目 (北区) 49 F1

Nishi-Ginza Junction 西銀座ジャンクション 11 E1

Nishi-Gokenchō (Shinjuku-ku) 西五軒町 (新宿区) 57 H2

Nishi-Gotanda 1~8 (Shinagawa-ku) 西五反田1~8丁目 (品川区) 65 F6

Nishihara 1~3 (Shibuya-ku) 西原1~3丁目 (渋谷区) 56 C6

Nishi-Hokima 1~4 (Adachi-ku) 西保木間1~4丁目 (足立区) 43 F3

Nishi-Ichinoe 1~4 (Edogawa-ku) 西一之江1~4丁目 (江戸川区) 61 E6

Nishi-Ikebukuro 1~5 (Toshima-ku) 西池袋1~5丁目 (豊島区) 49 E6

Nishi-Ikō 1~4 (Adachi-ku) 西伊興1~4丁目 (足立区) 42 D3

Nishi-Ikōchō (Adachi-ku) 西伊興町 (足立区) 42 C4

Nishi-Kahei 1~2 (Adachi-ku) 西加平1~2丁目 (足立区) 43 H5

Nishi-Kamata 1~8 (Ōta-ku) 西蒲田1~8丁目 (大田区) 73 F6

Nishi-Kameari 1~4 (Katsushika-ku) 西亀有1~4丁目 (葛飾区) 52 A1

Nishi-Kanda 1~3 (Chiyoda-ku) 西神田1~3丁目 (千代田区) 58 B3

Nishi-Kasai 1~8 (Edogawa-ku) 西葛西1~8丁目 (江戸川区) 68 C1

Nishi-Kasai Station (subway) 西葛西駅 (地下鉄) 68 C1
Nishikata 1–2 (Bunkyō-ku) 西片1〜2丁目 (文京区) 58 B1
Nishi-Kawaguchi Station 西川口駅 41 E1
Nishiki 1–2 (Nerima-ku) 錦1〜2丁目 (練馬区) 48 B1
Nishi-Koiwa 1–5 (Edogawa-ku) 西小岩1〜5丁目 (江戸川区) 53 A5
Nishi-Kōjiya 1–4 (Ōta-ku) 西糀谷1〜4丁目 (大田区) 77 H1
Nishi-Komatsugawamachi (Edogawa-ku) 西小松川町 (江戸川区)
    60 C3
Nishi-Koyama Station 西小山駅 73 E1
Nishi-ku (Yokohama City) 西区 (横浜市) 80 81 82
Nishimachi International School 西町インターナショナルスクール
    15 G6
Nishi-Magome 1–2 (Ōta-ku) 西馬込1〜2丁目 (大田区) 73 E4
Nishi-Magome Station (subway) 西馬込駅 (地下鉄) 73 E4
Nishi-Minemachi (Ōta-ku) 西嶺町 (大田区) 72 C5
Nishi-Mizue 1–5 (Edogawa-ku) 西瑞江1〜5丁目 (江戸川区) 61 F4
Nishi-Mizumoto 1–6 (Katsushika-ku) 西水元1〜6丁目 (葛飾区) 44 B4
Nishinakachō 1–4 (Yokohama City) 西中町1〜4丁目 (横浜市) 82 A6
Nishi-Nakanobu 1–3 (Shinagawa-ku) 西中延1〜3丁目 (品川区) 73 F1
Nishi-Nippori 1–6 (Arakawa-ku) 西日暮里1〜6丁目 (荒川区) 50 C5
Nishi-Nippori Station 西日暮里駅 50 C5
Nishiochiai 1–4 (Shinjuku-ku) 西落合1〜4丁目 (新宿区) 48 C6
Nishiogi-Kita 1–5 (Suginami-ku) 西荻北1〜5丁目 (杉並区) 54 D2
Nishi-Ogikubo Station 西荻窪駅 54 D2
Nishiogi-Minami 1–4 (Suginami-ku) 西荻南1〜4丁目 (杉並区) 54 D3
Nishi-Ogu 1–8 (Arakawa-ku) 西尾久1〜8丁目 (荒川区) 50 B4
Nishi-Ōi 1–6 (Shinagawa-ku) 西大井1〜6丁目 (品川区) 73 G3
Nishi-Ōi Station 西大井駅 73 G2
Nishi-Ōizumi 1–6 (Nerima-ku) 西大泉1〜6丁目 (練馬区) 46 A1
Nishi-Ōjima Station (subway) 西大島駅 (地下鉄) 59 H4
Nishi-Rokugō 1–4 (Ōta-ku) 西六郷1〜4丁目 (大田区) 77 F2
Nishi-Shimbashi 1–3 (Minato-ku) 西新橋1〜3丁目 (港区) 66 A1
Nishi-Shimbashi Mitsui Building 西新橋三井ビル 17 G6
Nishi-Shinagawa 1–3 (Shinagawa-ku) 西品川1〜3丁目 (品川区)
    73 G1
Nishi-Shinjuku 1–8 (Shinjuku-ku) 西新宿1〜8丁目 (新宿区) 56 D4
Nishi-Shinjuku-Gochōme Station (subway) 西新宿五丁目駅 (地下鉄)
    26 A3
Nishi-Shinjuku Station (subway) 西新宿駅 (地下鉄) 26 C1
Nishi-Shin-Koiwa 1–5 (Katsushika-ku) 西新小岩1〜5丁目 (葛飾区)
    52 B6
Nishi-Shinozaki 1–2 (Edogawa-ku) 西篠崎1〜2丁目 (江戸川区) 61 G1
Nishi-Sugamo 1–4 (Toshima-ku) 西巣鴨1〜4丁目 (豊島区) 49 G4
Nishi-Sugamo Station (subway) 西巣鴨駅 (地下鉄) 49 H4
Nishi-Taishidō Station 西太子堂駅 64 B4
Nishi-Takashimadaira Station (subway) 西高島平駅 (地下鉄) 39 H4
Nishi-Takenotsuka 1 (Adachi-ku) 西竹の塚1丁目 (足立区) 44 E4
Nishi-Tobechō 1–3 (Yokohama City) 西戸部町1〜3丁目 (横浜市)
    82 A4
Nishi-Tokyo City 西東京市 46 A5
Nishi Ward Office (Yokohama City) 西区役所 (横浜市) 82 A2
Nishi-Waseda 1–3 (Shinjuku-ku) 西早稲田1〜3丁目 (新宿区) 57 F1
Nishōgakusha University 二松学舎大学 18 D1
Nissan Gallery 日産ギャラリー 11 E4
Nissan Motor (H.O.) 日産自動車 (本社) 11 F5
Nissan Stadium 日産スタジアム 80 A3
Nissay Hibiya Building 日生日比谷ビル 10 B2
Nissay Theater 日生劇場 10 C3
Nisseki 日本赤十字社 (→Japanese Red Cross Society)

Nisseki Yokohama Building 日石横浜ビル 82 C2
Nisshinchō (Kawasaki City) 日進町 (川崎市) 81 E2
No. 3 District Maritime Safety Agency (H.Q.) 第3管区海上保安本部
    78 B1
No. 5 Fukuryū-maru Exhibition Hall 第五福竜丸展示館 67 H2
Noa Building ノアビル 14 D2
Noborito Station 登戸駅 62 A6
Nogata 1–6 (Nakano-ku) 野方1〜6丁目 (中野区) 56 A1
Nogata Station 野方駅 48 A6
Noge 1–3 (Setagaya-ku) 野毛1〜3丁目 (世田谷区) 71 H2
Nogechō 1–4 (Yokohama City) 野毛町1〜4丁目 (横浜市) 82 C4
Nogeyama Amusement Park 野毛山遊園地 82 A5
Nogeyama Park 野毛山公園 82 B4
Nogeyama Zoo 野毛山動物園 82 B4
Nogizaka Station (subway) 乃木坂駅 (地下鉄) 29 H6
Nomura Securities (H.O.) 野村証券 (本社) 9 G3
Nōrin Chūkin Bank (H.O.) 農林中金 (本店) 10 C1
Nōrin Suisanshō (Min. of Agric., Forestry & Fisheries) 農林水産省
    17 G4
Nozawa 1–4 (Setagaya-ku) 野沢1〜4丁目 (世田谷区) 64 B5
NTT East (H.O.) NTT東日本 (本社) 26 A6
NTT Data NTTデータ 9 E2
NTT Data Bldg (Yokohama) NTT Dataビル (横浜) 81 E5
NTT DoCoMo NTTドコモ 27 F6
NTT East (H.O.) NTT東日本 (本社) 26 A6
NTT East Kantō Hospital NTT東日本関東病院 34 D5
NTT Hibiya Building NTT日比谷ビル 10 B3
NTT Kantō NTT関東 8 D2
NTT Ōtemachi Building NTT大手町ビル 8 D2
Nukui 1–5 (Nerima-ku) 貫井1〜5丁目 (練馬区) 47 G4
Numabe Station 沼部駅 72 B5
Numabukuro 1–4 (Nakano-ku) 沼袋1〜4丁目 (中野区) 48 A6
Numabukuro Station 沼袋駅 48 B6
No. 3 District Maritime Safety Agency (H.Q.) 第3管区海上保安本部
    78 B1
No. 5 Fukuryū-maru Exhibition Hall 第五福竜丸展示館 67 H2
No. 40 MT Building 40MTビル 14 C1
No. 45 MT Building 45MTビル 14 C1

O

Ochanomizu Business Center お茶の水ビジネスセンター 21 F3
Ochanomizu Station 御茶ノ水駅 21 E3
Ochanomizu University お茶の水女子大学 49 H6
Ochiai Central Park 落合中央公園 56 D1
Ochiai-Minami-Nagasaki Station (subway) 落合南長崎駅 (地下鉄)
    48 C6
Ochiai Post Office 落合郵便局 56 D1
Ochiai Station (subway) 落合駅 (地下鉄) 56 D1
Odai 1–2 (Adachi-ku) 小台1〜2丁目 (足立区) 50 C2
Odaiba Kaihin Kōen Station 御台場海浜公園駅 66 D5
Odaiba Kaihin Park お台場海浜公園 66 C5
Odai Station 小台駅 50 B3
Odakyū Dept Store (Shinjuku) 小田急百貨店 (新宿店) 27 E3
Odakyū Halc 小田急ハルク 27 E2
Odakyū Southern Tower 小田急サザンタワー 27 E5
Ōdōri Park 大通り公園 82 C6
Ōedo Onsen (spa) 大江戸温泉物語 74 D1
Ogawachō (Kawasaki City) 小川町 (川崎市) 81 F3
Ogawamachi Post Office 小川町郵便局 21 E4

Ogawamachi Station (subway)　小川町駅 (地下鉄)　21 F5
Ōgi 1–3 (Adachi-ku)　扇1〜3丁目 (足立区)　50 C1
Ōgibashi 1–3 (Kōtō-ku)　扇橋1〜3丁目 (江東区)　59 H5
Ōgichō 1–4 (Yokohama City)　扇町1〜4丁目 (横浜市)　83 E6
Ogikubo 1–5 (Suginami-ku)　荻窪1〜5丁目 (杉並区)　55 F3
Ogikubo Post Office　荻窪郵便局　55 E1
Ogikubo Station　荻窪駅　55 F2
Ōgi-ōhashi (bridge)　扇大橋　50 C2
Ōgi-ōhashi Station　扇大橋駅　50 C1
Ogunohara Park　尾久の原公園　50 D3
Ohanajaya 1–3 (Katsushika-ku)　お花茶屋1〜3丁目 (葛飾区)　52 A2
Ohanajaya Station　お花茶屋駅　52 A3
Ōhara 1–2 (Setagaya-ku)　大原1〜2丁目 (世田谷区)　56 A6
Ōharachō (Itabashi-ku)　大原町 (板橋区)　41 E6
Ōhashi 1–2 (Meguro-ku)　大橋1〜2丁目 (目黒区)　64 D2
Ōi 1–7 (Shinagawa-ku)　大井1〜7丁目 (品川区)　73 H2
Ōi Futō (wharf)　大井ふ頭　74 C2
Ōi Futō Central Kaihin Park　大井ふ頭中央海浜公園　74 A3
Ōi Keibajōmae Station　大井競馬場前駅　74 A3
Ōimachi Station　大井町駅　73 H2
Oimatsuchō (Yokohama City)　老松町 (横浜市)　82 B4
Ōi Race Course　大井競馬場　74 A3
Ōizumi Central Park　大泉中央公園　38 C6
Ōizumi-Gakuenchō 1–9 (Nerima-ku)　大泉学園町1〜9丁目 (練馬区)　46 C1
Ōizumi-Gakuen Station　大泉学園駅　46 C3
Ōizumimachi 1–6 (Nerima-ku)　大泉町1〜6丁目 (練馬区)　46 D1
Ōizumi Post Office　大泉郵便局　46 C1
Ōji 1–6 (Kita-ku)　王子1〜6丁目 (北区)　49 H1
Ōji-Ekimae Station　王子駅前駅 (H3)
Ōji-Honchō 1–3 (Kita-ku)　王子本町1〜3丁目 (北区)　49 H2
Ōjima 1–9 (Kōtō-ku)　大島1〜9丁目 (江東区)　60 A4
Ōjima Station (subway)　大島駅 (地下鉄)　60 A4
Ōji Paper (H.O.)　王子製紙 (本社)　11 F3
Ōji Post Office　王子郵便局　49 H1
Ōji Station　王子駅　49 H2
Okachimachi Station　御徒町駅　22 B6
Okamoto 1–3 (Setagaya-ku)　岡本1〜3丁目 (世田谷区)　63 F6
Okamoto Tarō Kinenkan (Tarō Okamoto Meml Hall)　岡本太郎記念館　32 A6
Ōkawabata River City 21 (River City 21)　(大川端) リバーシティ21　58 D6
Okinachō 1–2 (Yokohama City)　翁町1〜2丁目 (横浜市)　83 E6
Okino 1–2 (Adachi-ku)　興野1〜2丁目 (足立区)　50 D1
Okinomiyachō (Edogawa-ku)　興宮町 (江戸川区)　53 E6
Ōkubo 1–3 (Shinjuku-ku)　大久保1〜3丁目 (新宿区)　57 E2
Ōkubo Hospital　都立大久保病院　27 F1
Ōkubo Station　大久保駅　57 E3
Okudo 1–9 (Katsushika-ku)　奥戸1〜9丁目 (葛飾区)　52 C5
Ōkura 1–6 (Setagaya-ku)　大蔵1〜6丁目 (世田谷区)　63 E5
Ōkura Shūkokan Museum　大倉集古館　14 A1
Okusawa 1–8 (Setagaya-ku)　奥沢1〜8丁目 (世田谷区)　72 B2
Okusawa Station　奥沢駅　72 B2
Olympic Meml Youth Center　オリンピック記念青少年総合センター　56 D6
Ōmiya 1–2 (Suginami-ku)　大宮1〜2丁目 (杉並区)　55 H5
Ōmiya Hachimangū (shrine)　大宮八幡宮 (神社)　55 H5
Omocha Bijutsukan (Toy Musm)　おもちゃ美術館　56 B1
Omokagebashi Station　面影橋駅　57 F1

Ōmori Bell Port　大森ベルポート　73 H4
Ōmori-Higashi 1–5 (Ōta-ku)　大森東1〜5丁目 (大田区)　73 H6
Ōmori-Honchō 1–2 (Ōta-ku)　大森本町1〜2丁目 (大田区)　73 H5
Ōmori-Kaigan Station　大森海岸駅　73 H4
Ōmori-Kita 1–6 (Ōta-ku)　大森北1〜6丁目 (大田区)　73 H5
Ōmorimachi Station　大森町駅　73 H5
Ōmori-Minami 1–5 (Ōta-ku)　大森南1〜5丁目 (大田区)　77 H1
Ōmori-Naka 1–3 (Ōta-ku)　大森中1〜3丁目 (大田区)　73 H6
Ōmori-Nishi 1–7 (Ōta-ku)　大森西1〜7丁目 (大田区)　73 G5
Ōmori Post Office　大森郵便局　73 G5
Ōmori Station　大森駅　73 G4
Omote-Sandō Station (subway)　表参道駅 (地下鉄)　31 H1
Omurai Station　小村井駅　59 H1
O Museum　O美術館　35 H4
Onarimon Station (subway)　御成門駅 (地下鉄)　12 C4
One-Oh-Nine (Ichimarukyū)　109　30 B4
Onoechō 1–6 (Yokohama City)　尾上町1〜6丁目 (横浜市)　83 E5
Ontakesan Station　御嶽山駅　72 C4
Ōokayama 1–2 (Meguro-ku)　大岡山1〜2丁目 (目黒区)　72 C1
Ōokayama Station　大岡山駅　72 C2
Opera City (Tokyo Opera City)　東京オペラシティ　26 A6
Orchard Hall　オーチャードホール　30 A3
Osakana Shiryōkan (Fish Musm)　おさかな資料館　66 C1
Ōsaki 1–5 (Shinagawa-ku)　大崎1〜5丁目 (品川区)　65 G6
Ōsaki-Hirokōji Station　大崎広小路駅　35 G6
Ōsaki New City　大崎ニューシティ　35 H4
Ōsaki Post Office　大崎郵便局　65 G6
Ōsanbashi Futō (Grand Pier)　大さん橋ふ頭　83 G3
Osaragi Jirō Kinenkan (Jirō Osaragi Meml Musm)　大佛次郎記念館　83 H6
Oshiage 1–3 (Sumida-ku)　押上1〜3丁目 (墨田区)　59 G1
Oshiage Station (subway)　押上駅 (地下鉄)　59 G1
Ōsugi 1–5 (Edogawa-ku)　大杉1〜5丁目 (江戸川区)　61 E2
Ōta Folk Museum　大田区郷土博物館　73 F4
Otake-bashi (bridge)　尾竹橋　51 E3
Ōta-ku　大田　73 74 77 78
Ōtamachi 1–6 (Yokohama City)　太田町1〜6丁目 (横浜市)　83 E4
Ōta Meml Museum of Art　太田記念美術館　28 A6
Ōta Shijō (Tokyo Central Wholesale Market)　東京中央卸売市場 (大田市場)　74 B5
Ōta Ward Office　大田区役所　77 F1
Ōte Center Building　大手センタービル　8 C2
Ōtemachi 1–2 (Chiyoda-ku)　大手町1〜2丁目 (千代田区)　58 C4
Ōtemachi Building　大手町ビル　8 C2
Ōtemachi Common Government Bldgs　大手町合同庁舎　8 C1
Ōtemachi Financial Center　大手町ファイナンシャルセンター　8 D3
Ōtemachi First Square　大手町ファーストスクエア　8 C2
Ōtemachi Nomura Building　大手町野村ビル　8 C1
Ōtemachi Station (subway)　大手町駅 (地下鉄)　8 D2
Ōtorii Station　大鳥居駅　77 H2
Ōtori-jinja (shrine／Asakusa)　鷲神社 (浅草)　51 E6
Ōtori-jinja (shrine／Adachi)　大鷲神社 (足立)　43 H2
Ōtori-jinja (shrine／Meguro)　大鳥神社 (目黒)　65 F5
Otowa 1–2 (Bunkyō-ku)　音羽1〜2丁目 (文京区)　57 H1
Ōtsuka 1–6 (Bunkyō-ku)　大塚1〜6丁目 (文京区)　49 G6
Ōtsuka Ekimae Station　大塚駅前駅　49 (H5)
Ōtsuka Hospital　都立大塚病院　49 H6
Ōtsuka Kagu　大塚家具　27 F3
Ōtsuka Station　大塚駅　49 G5

Ōtsuma Women's University 大妻女子大学 18 D2
Ōyaguchi 1–2 (Itabashi-ku) 大谷口1〜2丁目 (板橋区) 48 D3
Ōyaguchi-Kamichō (Itabashi-ku) 大谷口上町 (板橋区) 48 D3
Ōyaguchi-Kitachō (Itabashi-ku) 大谷口北町 (板橋区) 48 D3
Ōyamachō (Itabashi-ku) 大山町 (板橋区) 49 E3
Ōyamachō (Shibuya-ku) 大山町 (渋谷区) 56 C6
Oyamadai 1–3 (Setagaya-ku) 尾山台1〜3丁目 (世田谷区) 72 A2
Oyamadai Station 尾山台駅 72 A2
Ōyama-Higashichō (Itabashi-ku) 大山東町 (板橋区) 49 E3
Ōyama-Kanaichō (Itabashi-ku) 大山金井町 (板橋区) 49 E3
Ōyama-Nishichō (Itabashi-ku) 大山西町 (板橋区) 48 D3
Ōyama Station 大山駅 49 E3
Ōya Bunko 大宅文庫 63 F1
Ōyata 1–5 (Adachi-ku) 大谷田1〜5丁目 (足立区) 44 A5

P

Pacifico Yokohama パシフィコ横浜 (横浜国際平和会議場) 83 E1
Palace Side Building パレスサイドビル 20 C6
Palette Town パレットタウン 66 D6
Pana Plaza Tokyo パナプラザ東京 37 E1
Pansée Hall パンセホール 20 B3
PARCO (Ikebukuro) パルコ (池袋店) 24 D3
PARCO (Shibuya) パルコ (渋谷店) 30 B3
Park City Isetan パークシティ伊勢丹 27 H2
Parliamentary Museum 憲政記念館 17 F2
Patent Office 特許庁 17 E5
Pharmaceutical Society of Japan Nagai Meml Hall 日本薬学会
    長井記念館 31 F4
Plaza 246 プラザ２４６ 29 E6
Plaza Citizen プラザシチズン 57 E1
Pony Land ポニーランド 61 H2
PORTA (underground arcade) ポルタ (地下街) 81 H5
Prime Minister's Official Residence 首相官邸 17 E4
Prince Arisugawa Meml Park 有栖川宮記念公園 33 F2
Prince Chichibu Meml Rugby Football Ground 秩父宮ラグビー場
    29 F4
Prince Chichibu Meml Sports Library 秩父宮記念スポーツ図書館
    28 D2
Prince Chichibu Meml Sports Museum 秩父宮記念スポーツ博物
    館 29 E1
Printemps Ginza Dept Store プランタン銀座 11 E2
Printing Bureau 国立印刷局 17 E6
Public Prosecutor's Office 検察庁 17 H3

Q

QUATTRO by PARCO クアトロ バイ パルコ 30 B3
Queen's Square Yokohama クィーンズスクエア横浜 82 D2

R

Radio Nippon ラジオ日本 15 E2
Rainbow Bridge レインボーブリッジ 66 B4
Rainbow Town レインボウタウン 66 D6
Rakutenchi Building 楽天地ビル 37 G5
Recruit リクルート 10 C5
Reinanzaka Church 霊南坂教会 14 A2
Reiyūkai Temple 霊友会釈迦殿 14 B5
RF Radio Nippon RFラジオ日本 82 B5
Rikkyō University 立教大学 24 A4
Rikugien 六義園 50 A5

Rikujō Jieitai Jūjō Chūtonchi (Ground Self-Defense Force Jūjō Post)
    陸上自衛隊十条駐屯地 49 G2
Rinkaichō 1–6 (Edogawa-ku) 臨海町1〜6丁目 (江戸川区) 68 C3
Rinkō Park 臨港パーク 83 E1
Rinshino-mori Park 林試の森公園 65 E6
Risshō Kōseikai 立正佼成会 56 A4
Risshō University 立正大学 35 H6
River City 21 (Ōkawabata) (大川端) リバーシティ21 58 D6
River Commuter Terminals 水上バスのりば (→Sea-bus Terminals)
River Park Shioiri リバーパーク汐入 51 G4
River Pier Azumabashi リバーピア吾妻橋 23 H4
Rock-za Kaikan ロック座会館 23 F2
Roi Roppongi ロア六本木 14 C5
Rōjin Iryō Center (Metr. Geriatric Hosp.) 老人医療センター 49 E3
Roka-Kōen Station 芦花公園駅 55 F6
Roka Kōshun-en 蘆花恒春園 63 E1
Rokubanchō (Chiyoda-ku) 六番町 (千代田区) 19 F5
Rokuchō Station 六町駅 43 H5
Rokuchō 1–4 (Adachi-ku) 六町1〜4丁目 (足立区) 43 H5
Rokugatsu 1–3 (Adachi-ku) 六月1〜3丁目 (足立区) 43 E5
Rokugō-dote Station 六郷土手駅 77 F3
Roppongi 1–7 (Minato-ku) 六本木1〜7丁目 (港区) 65 H1
Roppongi First Bldg 六本木ファーストビル 14 C2
Roppongi Hills 六本木ヒルズ 14 D6
Roppongi-Itchōme Station (subway) 六本木一丁目駅 (地下鉄) 14 B3
Roppongi Station (subway) 六本木駅 (地下鉄) 14 C6
Rosa Kaikan (cinema) ロサ会館 (映画) 24 C3
Roshia Tsūshō Daihyōbu (Trade Representative of Russia) ロシア
    通商代表部 35 E3
ROX ロックス 23 H4
Ryōgoku 1–4 (Sumida-ku) 両国1〜4丁目 (墨田区) 59 E3
Ryōgoku-bashi (bridge) 両国橋 59 E3
Ryōgoku Station 両国駅 59 E3
Ryūgen-ji (temple) 龍眼寺 59 H2
Ryūsen 1–3 (Taitō-ku) 竜泉1〜3丁目 (台東区) 51 E6
Ryūshi Memorial Museum 龍子記念館 73 F5
Ryūtsū Center Station 流通センター駅 74 A5

S

Sabō Kaikan 砂防会館 16 D1
Saga 1–2 (Kōtō-ku) 佐賀1〜2丁目 (江東区) 59 E5
Sagamihara City (Kanagawa-ken) 相模原市 (神奈川県) 84
Saginomiya 1–6 (Nakano-ku) 鷺宮1〜6丁目 (中野区) 47 G6
Saginomiya Station 鷺ノ宮駅 47 H6
Saginuma Station 鷺沼駅 70 A5
Saikō Saibansho (Supreme Court) 最高裁判所 17 E1
Saikumachi (Shinjuku-ku) 細工町 (新宿区) 18 A5
St. Francisco Hospital 聖フランシスコ病院 63 E3
St. Ignatius Church 聖イグナチオ教会 19 G6
St. Luke's Garden 聖路加ガーデン 66 D1
St. Luke's International Hospital 聖路加国際病院 66 D1
St. Mary's Cathedral 東京カテドラル聖マリア大聖堂 57 G1
St. Mary's International School セントメリーズ インターナショナル
    スクール 71 G1
Saiwai Building 幸ビル 10 A5
Saiwaichō (Itabashi-ku) 幸町 (板橋区) 49 E3
Saiwai-ku (Kawasaki City) 幸区 (川崎市) 76
Saiwai Ward Office 幸区役所 76 D3
Sakaechō (Itabashi-ku) 栄町 (板橋区) 49 E2

Sakaechō (Kita-ku)　栄町 (北区)　50 A3
Sakaechō (Nerima-ku)　栄町 (練馬区)　48 B4
Sakaechō Station　栄町駅　50 A3
Sakamachi (Shinjuku-ku)　坂町 (新宿区)　57 G4
Sakashita 1–3 (Itabashi-ku)　坂下1～3丁目 (板橋区)　40 C5
Sakura 1–3 (Setagaya-ku)　桜1～3丁目 (世田谷区)　63 G3
Sakura-bashi (bridge)　桜橋　59 F1
Sakuradai 1–6 (Nerima-ku)　桜台1～6丁目 (練馬区)　48 A4
Sakuradai Station　桜台駅　48 A4
Sakurada-mon (gate)　桜田門　17 H2
Sakuradamon Station (subway)　桜田門駅 (地下鉄)　17 G2
Sakuragaoka 1–5 (Setagaya-ku)　桜丘1～5丁目 (世田谷区)　63 F3
Sakuragaokachō (Shibuya-ku)　桜丘町 (渋谷区)　65 E2
Sakuragawa 1–3 (Itabashi-ku)　桜川1～3丁目 (板橋区)　48 C2
Sakuragichō 1–7 (Yokohama City)　桜木町1～7丁目 (横浜市)　82 C2-C3
Sakuragichō Station　桜木町駅　82 C3
Sakurajōsui 1–5 (Setagaya-ku)　桜上水1～5丁目 (世田谷区)　63 G1
Sakurajōsui Station　桜上水駅　63 G1
Sakura-Shinmachi 1–2 (Setagaya-ku)　桜新町1～2丁目 (世田谷区)　63 H5
Sakura-Shinmachi Station　桜新町駅　63 H5
Salvation Army　救世軍　20 C5
Samezu Driving License Test Course　鮫洲運転免許試験場　74 A2
Samezu Station　鮫洲駅　74 A2
Samonchō (Shinjuku-ku)　左門町 (新宿区)　57 G4
San'ai　三愛　11 E3
Sanbanchō (Chiyoda-ku)　三番町 (千代田区)　58 A4
Saneatsu Park　実篤公園　62 B2
San'eichō (Shinjuku-ku)　三栄町 (新宿区)　57 G4
Sangenjaya 1–2 (Setagaya-ku)　三軒茶屋1～2丁目 (世田谷区)　64 B4
Sangenjaya Station　三軒茶屋駅　64 B3
Sangiin Giin Kaikan (House of Councillors Office Bldg)　参議院議員会館　16 D3
Sangūbashi Station　参宮橋駅　56 D5
Sangyō Bōeki Kaikan (Tokyo Trade Center)　東京産業貿易会館　13 E1
Sangyō Dōro Station　産業道路駅　78 A4
Sankei-en　三渓園　80 B6
Sankei Hall (Sankei Newspapers)　サンケイホール (産業経済新聞)　8 D2
Sankei Newspapers　産業経済新聞　8 D2
Sannō 1–4 (Ōta-ku)　山王1～4丁目 (大田区)　73 G4
Sannō Grand Building　山王グランドビル　16 C3
Sannō Hospital　山王病院　29 H4
Sannomaru Shōzō-kan　三の丸尚蔵館　8 B2
San'nō Park Tower　山王パークタワー　16 D4
Sano 1–2 (Adachi-ku)　佐野1～2丁目 (足立区)　44 B4
Sanpōji-ike (pond)　三宝寺池　46 C4
Sanseidō Bookstore (main store)　三省堂本店　20 D4
Sanshain City (Sunshine City)　サンシャインシティ　25 F4
Sanshinomori Park　蚕糸の森公園　56 A3
Sapia Tower　サピアタワー　9 E3
Sapporo Breweries (H.O.)　サッポロビール (本社)　36 C2
Saranuma 1–3 (Adachi-ku)　皿沼1～3丁目 (足立区)　42 C4
Sarue 1–2 (Kōtō-ku)　猿江1～2丁目 (江東区)　59 G4
Sarue Park　猿江恩賜公園　59 H4
Sarugakuchō (Shibuya-ku)　猿楽町 (渋谷区)　65 E3
Sarugakuchō 1–2 (Chiyoda-ku)　猿楽町1～2丁目 (千代田区)　58 B3

Sasazuka 1–3 (Shibuya-ku)　笹塚1～3丁目 (渋谷区)　56 B6
Sasazuka Station　笹塚駅　56 B6
Satomi Park　里見公園　53 G3
Scala-za (cinema)　スカラ座 (映画)　27 G3
Science Museum　科学技術館　20 B6
Science University of Tokyo　東京理科大学　18 A2
Sea-bus Terminals　海上バスのりば
　Aomi　青海　66 C6
　Asakusa　浅草　23 H3
　Big Sight　ビッグサイト　67 E5
　Daiba　台場　66 C5
　Harumi　晴海　66 C3
　Hinode Sambashi　日の出桟橋　66 B2
　Kasai Rinkai Kōen　葛西臨海公園　68 C4
　Wakasu　若洲　68 A5
Seafort Square　シーフォートスクエア　37 G1
Seavans　シーバンス　13 G2
Seibu Dept Store (Ikebukuro)　西武百貨店 (池袋店)　24 D4
Seibu Dept Store (Kawasaki)　西武百貨店 (川崎店)　81 E2
Seibu Dept Store (Shibuya)　西武百貨店 (渋谷店)　30 C4
Seibu Dept Store (Yūrakuchō)　西武百貨店 (有楽町店)　10 D2
Seibu Loft (Ikebukuro)　西武ロフト (池袋店)　24 D4
Seibu Loft (Shibuya)　西武ロフト館 (渋谷店)　30 C3
Seibu-Shinjuku Station　西武新宿駅　27 E1
Seibu ILLMUS　西武イルムス館　24 D5
Sei-Furanshisuko Byōin (St. Francisco Hospital)　聖フランシスコ病院　63 G5
Sei-Igunachio Kyōkai (St. Ignatius Church)　聖イグナチオ教会　19 G6
Seiiku Iryō Center (National Center for Child Health and Development)　国立成育医療センター　63 E5
Seiji Tōgō Art Museum　東郷青児美術館　26 D2
Seijō 1–9 (Setagaya-ku)　成城1～9丁目 (世田谷区)　62 C3
Seijō-Gakuemmae Station　成城学園前駅　62 D4
Seijō Post Office　成城郵便局　62 C3
Seijō University　成城大学　62 D3
Seikadō Bunko Art Museum　静嘉堂文庫　63 F6
Seikei University　成蹊大学　54 A1
Seiroka Garden (St. Luke's Garden)　聖路加ガーデン　66 D1
Seiroka Kokusai Byōin (St. Luke's Int'l Hospital)　聖路加国際病院　66 D1
Seisen Int'l School　清泉インターナショナル学園　63 H6
Seisen University　清泉女子大学　35 F4
Seishinchō 1–2 (Edogawa-ku)　清新町1～2丁目 (江戸川区)　68 C1
Seishin Int'l School (Int'l School of the Sacred Heart)　聖心インターナショナルスクール　33 F4
Seishin Joshi Daigaku (Univ. of the Sacred Heart)　聖心女子大学　33 F4
Seishō-kō (Kakurin-ji／temple)　清正公 (覚林寺)　34 A3
Seiyō Antiiku Bijutsukan (Western Antique Musm)　西洋アンティック美術館　30 A4
Seiyō Bijutsukan (National Musm of Western Art)　国立西洋美術館　22 C3
Sekai Bōeki Center Building (World Trade Center Bldg)　世界貿易センタービル　13 E2
Sekaidō　世界堂　27 G3
Sekibara 1–3 (Adachi-ku)　関原1～3丁目 (足立区)　51 E1
Sekiguchi 1–3 (Bunkyō-ku)　関口1～3丁目 (文京区)　57 G1
Sekimachi-Higashi 1–2 (Nerima-ku)　関町東1～2丁目 (練馬区)　46 B6
Sekimachi-Kita 1–5 (Nerima-ku)　関町北1～5丁目 (練馬区)　46 A6

Sekimachi-Minami 1–4 (Nerima-ku) 関町南1～4丁目 (練馬区) 46 B6
Senda (Kōtō-ku) 千田 (江東区) 59 G5
Sendagaya 1–6 (Shibuya-ku) 千駄ヶ谷1～6丁目 (渋谷区) 57 F5
Sendagaya Station 千駄ヶ谷駅 28 C1
Sendagi 1–5 (Bunkyō-ku) 千駄木1～5丁目 (文京区) 50 B6
Sendagi Station (subway) 千駄木駅 (地下鉄) 50 B6
Sengaku-ji (temple) 泉岳寺 34 A1
Sengakuji Station (subway) 泉岳寺駅 (地下鉄) 65 H4
Sengawa Station 仙川駅 62 B1
Sengoku 1–3 (Kōtō-ku) 千石1～3丁目 (江東区) 59 G5
Sengoku 1–4 (Bunkyō-ku) 千石1～4丁目 (文京区) 50 A6
Sengoku Station (subway) 千石駅 (地下鉄) 50 A6
Senior Work Tokyo シニアワーク東京 20 A2
Senju 1–5 (Adachi-ku) 千住1～5丁目 (足立区) 51 F2
Senju-Akebonochō (Adachi-ku) 千住曙町 (足立区) 51 G4
Senju-Asahichō (Adachi-ku) 千住旭町 (足立区) 51 G3
Senju-Azuma 1–2 (Adachi-ku) 千住東1～2丁目 (足立区) 51 G3
Senju-Hashidochō (Adachi-ku) 千住橋戸町 (足立区) 51 E4
Senju-Kawarachō (Adachi-ku) 千住河原町 (足立区) 51 F4
Senju-Kotobukichō (Adachi-ku) 千住寿町 (足立区) 51 F2
Senju-Midorichō 1–3 (Adachi-ku) 千住緑町1～3丁目 (足立区) 51 E4
Senju-Miyamotochō (Adachi-ku) 千住宮元町 (足立区) 51 E3
Senju-Motomachi (Adachi-ku) 千住元町 (足立区) 51 E2
Senju-Nakachō (Adachi-ku) 千住仲町 (足立区) 51 F3
Senju-Nakaichō (Adachi-ku) 千住中居町 (足立区) 51 F3
Senju-Ōhashi Station 千住大橋駅 51 F4
Senju-Ōkawachō (Adachi-ku) 千住大川町 (足立区) 51 F2
Senju-Sakuragi 1–2 (Adachi-ku) 千住桜木1～2丁目 (足立区) 51 E3
Senju-Sekiyachō (Adachi-ku) 千住関屋町 (足立区) 51 F4
Senju-shimbashi (bridge) 千住新橋 51 F2
Senju-Yanagichō (Adachi-ku) 千住柳町 (足立区) 51 F2
Senkawa 1–2 (Toshima-ku) 千川1～2丁目 (豊島区) 48 D4
Senkawa Station (subway) 千川駅 (地下鉄) 48 D4
Senshū University 専修大学 20 B4
Sensō-ji (temple) 浅草寺 23 G2
Senzoku 1–2 (Meguro-ku) 洗足1～2丁目 (目黒区) 72 D1
Senzoku 1–4 (Taitō-ku) 千束1～4丁目 (台東区) 51 E6
Senzoku-ike Park 洗足池公園 72 D2
Senzoku-ike Station 洗足池駅 72 D2
Senzoku Station 洗足駅 72 D1
Sesion Suginami セシオン杉並 56 A3
Seta 1–5 (Setagaya-ku) 瀬田1～5丁目 (世田谷区) 71 G1
Setagaya 1–4 (Setagaya-ku) 世田谷1～4丁目 (世田谷区) 63 H4
Setagaya Art Museum 世田谷美術館 63 F5
Setagaya Business Square 世田谷ビジネススクエア 63 G5
Setagaya-Daita Station 世田谷代田駅 64 A1
Setagaya General Grounds 世田谷総合運動場 63 E5
Setagaya-ku 世田谷区 54 56 63 64 71 72
Setagaya Literary Museum 世田谷文学館 63 E1
Setagaya Park 世田谷公園 64 C3
Setagaya Post Office 世田谷郵便局 64 B4
Setagaya Station 世田谷駅 63 H3
Setagaya Ward Office 世田谷区役所 64 A3
Shakai Keizai Seisansei Hombu (Japan Productivity Center for Socio-Economic Development) 社会経済生産性本部 31 F5
Shakujiidai 1–8 (Nerima-ku) 石神井台1～8丁目 (練馬区) 46 B5
Shakujii-Kōen Station 石神井公園駅 46 D3
Shakujiimachi 1–8 (Nerima-ku) 石神井町1～8丁目 (練馬区) 46 D3
Shakujii Park 石神井公園 46 D4
Shakujii Post Office 石神井郵便局 46 C4
Shiba 1–5 (Minato-ku) 芝1～5丁目 (港区) 66 A2
Shiba Dai-jingū (shrine) 芝大神宮 12 D4
Shiba-Daimon 1–2 (Minato-ku) 芝大門1～2丁目 (港区) 66 B2
Shiba-Kōen 1–4 (Minato-ku) 芝公園1～4丁目 (港区) 66 A2
Shiba-Kōen Station (subway) 芝公園駅 (地下鉄) 13 E5
Shibamata 1–7 (Katsushika-ku) 柴又1～7丁目 (葛飾区) 53 E2
Shibamata Station 柴又駅 53 E2
Shibamata Taishakuten (temple) 柴又帝釈天 (寺院) 53 E2
Shiba Park 芝公園 13 E5
Shiba Post Office 芝郵便局 12 B4
Shibasaki Station 柴崎駅 62 A2
Shibaura 1–4 (Minato-ku) 芝浦1～4丁目 (港区) 66 A3
Shibaura Futō Station 芝浦ふ頭駅 66 B4
Shibaura Inst. of Technology 芝浦工業大学 67 E1
Shibaura Junction 芝浦ジャンクション 66 B3
Shiba Yayoi Kaikan 芝弥生会館 13 E1
Shibutō Cinetowe 渋東シネタワー 30 C4
Shibuya 1–4 (Shibuya-ku) 渋谷1～4丁目 (渋谷区) 65 E1
Shibuya BEAM 渋谷BEAM 30 B3
Shibuya Cross Tower 渋谷クロスタワー 30 E5
Shibuya Hyakkendana 渋谷百軒店 30 A4
Shibuya Infoss Tower 渋谷インフォスタワー 30 C6
Shibuya-ku 渋谷区 56 65
Shibuya Mark City 渋谷マークシティ 30 B5
Shibuya Post Office 渋谷郵便局 30 E4
Shibuya Public Hall 渋谷公会堂 30 B1
Shibuya Station 渋谷駅 30 D5
Shibuya Tōei (cinema) 渋谷東映 30 D4
Shibuya Tōkyū (cinema) 渋谷東急 30 D4
Shibuya Tōkyū Plaza 渋谷東急プラザ 30 C5
Shibuya Ward Office 渋谷区役所 30 B2
Shibuya Ward Shirane Meml Culture Hall 渋谷区立白根記念郷土文化館 31 H6
Shigen Enerugiichō (Agcy of Natural Resources & Energy) 資源エネルギー庁 17 G5
Shihō Kenshūjo (Legal Training Research Institute) 司法研修所 38 D6
Shiinamachi Station 椎名町駅 48 D6
Shijō-mae Station 市場前駅 67 E3
Shikahama 1–8 (Adachi-ku) 鹿浜1～8丁目 (足立区) 42 B5
Shikahama-bashi (bridge) 鹿浜橋 42 A6
Shiki Theatre (Shiki Gekijō) 四季劇場 12 D1
Shimane 1–4 (Adachi-ku) 島根1～4丁目 (足立区) 43 E5
Shimbashi 1–6 (Minato-ku) 新橋1～6丁目 (港区) 66 B1
Shimbashi-ekimae Bldg No. 1 新橋駅前ビル1号館 12 A1
Shimbashi Embujō (theater) 新橋演舞場 11 F6
Shimbashi Post Office 新橋郵便局 10 D6
Shimbashi Station 新橋駅 10 B6
Shimbashi Sumitomo Building 新橋住友ビル 12 B3
Shimizu 1–3 (Suginami-ku) 清水1～3丁目 (杉並区) 55 F1
Shimizu Building 清水ビル 11 H1
Shimizuchō (Itabashi-ku) 清水町 (板橋区) 49 F1
Shimizu Corp. 清水建設 13 G3
Shimizudani Park 清水谷公園 16 B1
Shimo 1–5 (Kita-ku) 志茂1～5丁目 (北区) 41 H5
Shimo-Akatsuka Station 下赤塚駅 39 H6
Shimo-Igusa 1–5 (Suginami-ku) 下井草1～5丁目 (杉並区) 47 F6
Shimo-Igusa Station 下井草駅 47 F6

Shimo-Itabashi Station　下板橋駅　49 F3
Shimo-Kamatachō (Edogawa-ku)　下鎌田町 (江戸川区)　61 G3
Shimo-Kitazawa Station　下北沢駅　64 B1
Shimo-Maruko 1–4 (Ōta-ku)　下丸子1～4丁目 (大田区)　76 C1
Shimo-Maruko Station　下丸子駅　72 C6
Shimo-Meguro 1–6 (Meguro-ku)　下目黒1～6丁目 (目黒区)　65 E5
Shimo-Miyabichō (Shinjuku-ku)　下宮比町 (新宿区)　58 A2
Shimo-Ochiai 1–4 (Shinjuku-ku)　下落合1～4丁目 (新宿区)　57 E1
Shimo-Ochiai Station　下落合駅　56 D1
Shimo-Shakujii 1–6 (Nerima-ku)　下石神井1～6丁目 (練馬区)　46 D5
Shimo-Shinmei Station　下神明駅　73 G1
Shimo-Shinozakichō (Edogawa-ku)　下篠崎町 (江戸川区)　61 H3
Shimo Station (subway)　志茂駅 (地下鉄)　41 H6
Shimo-Takaido 1–5 (Suginami-ku)　下高井戸1～5丁目 (杉並区)　55 F6
Shimo-Takaido Station　下高井戸駅　63 H1
Shimouma 1–6 (Setagaya-ku)　下馬1～6丁目 (世田谷区)　64 C4
Shimura 1–3 (Itabashi-ku)　志村1～3丁目 (板橋区)　40 D6
Shimura-Sakaue Station (subway)　志村坂上駅 (地下鉄)　40 D6
Shimura-Sanchōme Station (subway)　志村三丁目駅 (地下鉄)　40 D6
Shinagawa Aquarium　しながわ水族館　73 H4
Shinagawa Historical Museum　品川歴史館　73 H3
Shinagawa Inter City　品川インターシティ　66 A6
Shinagawa-ku　品川区　65 66 73 74
Shinagawa Post Office　品川郵便局　73 H2
Shinagawa Sports Land　品川スポーツランド　35 E2
Shinagawa Station　品川駅　35 E1
Shinagawa Ward Office　品川区役所　73 H1
Shinanen Canal Side Bldg　シナネン カナルサイドビル　37 F3
Shinanomachi (Shinjuku-ku)　信濃町 (新宿区)　57 G5
Shinanomachi Station　信濃町駅　29 F1
Shin-Aoyama Buildings　新青山ビル　29 H4
Shin-Arakawa-ōhashi (bridge)　新荒川大橋　41 G4
Shin-Bamba Station　新馬場駅　65 H6
Shin-Daita Station　新代田駅　64 A1
Shinden 1–3 (Adachi-ku)　新田1～3丁目 (足立区)　42 A6
Shin-Egota Station (subway)　新江古田駅 (地下鉄)　48 B5
Shin-Futako-bashi (bridge)　新二子橋　72 F1
Shingashi 1–3 (Itabashi-ku)　新河岸1～3丁目 (板橋区)　40 A3
Shin Hibiya Building　新日比谷ビル　10 B4
Shin-Itabashi Station (subway)　新板橋駅 (地下鉄)　49 G3
Shinjuku 1–7 (Shinjuku-ku)　新宿1～7丁目 (新宿区)　57 F4
Shinjuku Bunka Cinema　新宿文化シネマ　27 G3
Shinjuku Center Building　新宿センタービル　26 D3
Shinjuku Central Park　新宿中央公園　26 B4
Shinjuku Cosmic Center　新宿コズミックセンター　57 F2
Shinjuku Dai-Ichi Seimei Building　新宿第一生命ビル　26 B3
Shinjuku First West　新宿ファーストウエスト　26 D4
Shinjuku-Gyoemmae Station (subway)　新宿御苑前駅 (地下鉄)　27 H4
Shinjuku-Gyoen National Garden　新宿御苑　27 H5
Shinjuku Historical Museum　新宿歴史博物館　57 G4
Shinjuku Kita Post Office　新宿北郵便局　57 F2
Shinjuku-ku　新宿区　48 57
Shinjuku L Tower　新宿エルタワー　26 D2
Shinjuku Mayndz Tower　新宿マインズタワー　27 E5
Shinjuku Mitsui Building　新宿三井ビル　26 B1
Shinjuku Monolith　新宿モノリス　26 C4
Shinjuku-Nishiguchi Station (subway)　新宿西口駅 (地下鉄)　27 E2

Shinjuku Nomura Building　新宿野村ビル　26 D2
Shinjuku NS Building　新宿NSビル　26 C4
Shinjuku Oak City　新宿オークシティ　26 B1
Shinjuku Park Tower　新宿パークタワー　26 B5
Shinjuku Plaza (cinema)　新宿プラザ (映画)　27 F1
Shinjuku Post Office　新宿郵便局　26 D3
Shinjuku-Sanchōme Station (subway)　新宿三丁目駅 (地下鉄)　27 G3
Shinjuku Shōchiku Kaikan (cinema)　新宿松竹会館　27 F2
Shinjuku Southern Terrace　新宿サザンテラス　26 E5
Shinjuku Square Tower　新宿スクエアタワー　26 A2
Shinjuku Station　新宿駅　27 E3
Shinjuku Sumitomo Building　新宿住友ビル　26 C3
Shinjuku Tōei (cinema)　新宿東映　27 G3
Shinjuku Ward Office　新宿区役所　27 F2
Shin-Kamata 1–3 (Ōta-ku)　新蒲田1～3丁目 (大田区)　77 F1
Shinkasha (Xinhua News Agency)　新華社　36 D3
Shin-Kasumigaseki Building　新霞が関ビル　17 F5
Shinkawa 1–2 (Chūō-ku)　新川1～2丁目 (中央区)　58 D6
Shinkawa-dōri (Kawasaki City)　新川通 (川崎市)　81 H3
Shin-Kawasaki Station　新川崎駅　76 B2
Shin-Kiba 1–4 (Kōtō-ku)　新木場1～4丁目 (江東区)　68 A4
Shin-Kiba Station　新木場駅　67 H3
Shinkō 1-2 (Yokohama City)　新港1～2丁目 (横浜市)　83 E2
Shin-Kōenji Station (subway)　新高円寺駅 (地下鉄)　55 H3
Shin-Koiwa 1–4 (Katsushika-ku)　新小岩1～4丁目 (葛飾区)　60 C1
Shin-Koiwa Station　新小岩駅　60 C1
Shin-Kokuritsu Gekijō (New National Theater)　新国立劇場　26 A6
Shin Kokusai Building (New Kokusai Bldg)　新国際ビル　8 C6
Shin-Kōshinzuka Station　新庚申塚駅　49 H4
Shinmachi 1–3 (Setagaya-ku)　新町1～3丁目 (世田谷区)　63 H5
Shin-Maruko Station　新丸子駅　72 A5
Shin-Marunouchi Building (New Marunouchi Bldg)　新丸の内ビル　8 C4
Shinmei 1–3 (Adachi-ku)　神明1～3丁目 (足立区)　44 A4
Shinmei-Minami (Adachi-ku)　神明南1～2丁目 (足立区)　44 A4
Shin-Mikawashima Station　新三河島駅　50 C4
Shin-Nakano Station (subway)　新中野駅 (地下鉄)　56 B3
Shin-Nanpeidai Tōkyū Building　新南平台東急ビル　30 B6
Shin-National Building　新ナショナルビル　13 H4
Shin-Nihombashi Station　新日本橋駅　9 G1
Shin Nikkō Building　新日鉱ビル　14 A1
Shin Nippon Seitetsu (Nippon Steel Corp.)　新日本製鉄　9 E3
Shin Nippon Sekiyu (Nippon Oil / H.O.)　新日本石油 (本社)　10 A5
Shin Nisseki Building　新日石ビル　8 C6
Shinobazu-no-ike (pond)　不忍池　22 A4
Shin Ochanomizu Building　新お茶の水ビル　21 E3
Shin-Ochanomizu Station (subway)　新御茶ノ水駅 (地下鉄)　21 F4
Shin-Ogawamachi (Shinjuku-ku)　新小川町 (新宿区)　57 H2
Shin-Ōhashi 1–3 (Kōtō-ku)　新大橋1～3丁目 (江東区)　59 E4
Shin-Okachimachi Station (subway)　新御徒町駅 (地下鉄)　58 D2
Shin-Ōkubo Station　新大久保駅　57 E2
Shinonome 1–2 (Kōtō-ku)　東雲1～2丁目 (江東区)　67 F3
Shinonome Station　東雲駅　67 F4
Shin-Ōtemachi Building (New Ōtemachi Bldg)　新大手町ビル　8 D3
Shin-Ōtsuka Station (subway)　新大塚駅 (地下鉄)　49 H6
Shinozakimachi 1–8 (Edogawa-ku)　篠崎町1～8丁目 (江戸川区)　61 H2
Shinozaki Park　篠崎公園　61 G1

Shinozaki Station (subway)　篠崎駅 (地下鉄)　61　G2
Shin-Sakuradai Station　新桜台駅　48　B4
Shinsei Bank (H.O.)　新生銀行 (本店)　17　H5
Shin-Seibijō Station　新整備場駅　79　E3
Shinsenchō (Shibuya-ku)　神泉町 (渋谷区)　64　D2
Shinsen Station　神泉駅　30　A5
Shin-Shibamata Station　新柴又駅　53　E3
Shin-Suna 1–3 (Kōtō-ku)　新砂1〜3丁目 (江東区)　68　A1
Shin-Takashimadaira Station (subway)　新高島平駅 (地下鉄)　40　A4
Shin-Tokyo Building (New Tokyo Bldg)　新東京ビル　8　C6
Shin Tokyo Kokusai Kūkō (New Tokyo International Airport, Narita)　新東京国際空港 (成田)　inside back cover
Shin-Tokyo Yūbinkyoku (New Tokyo Post Office)　新東京郵便局　67　H1
Shintomi 1–2 (Chūō-ku)　新富1〜2丁目 (中央区)　58　D6
Shintomichō Station (subway)　新富町駅 (地下鉄)　11　H4
Shin-Toyosu Station　新豊洲駅　67　E3
Shin-Urayasu Station　新浦安駅　69　H3
Shin-Yamashita 1–3 (Yokohama City)　新山下1〜3丁目 (横浜市)　83　H6
Shin-Yotsugi-bashi (bridge)　新四ツ木橋　51　H5
Shin-Yūrakuchō Building (New Yūrakuchō Bldg)　新有楽町ビル　10　D1
Shiodome City Center　汐留シティセンター　10　D6
Shiodome Sumitomo Bldg　汐留住友ビル　12　B1
Shiohama 1–2 (Kōtō-ku)　塩浜1〜2丁目 (江東区)　67　G1
Shioiri Station　汐入駅　84　B3
Shiokaze Park　潮風公園　66　C6
Shiomi 1–2 (Kōtō-ku)　潮見1〜2丁目 (江東区)　67　G2
Shiomi Station　潮見駅　67　G1
Shio Sight　シオサイト　12　A1
Shirahige-bashi (bridge)　白髭橋　51　G6
Shirakawa 1–4 (Kōtō-ku)　白河1〜4丁目 (江東区)　59　F5
Shirasagi 1–3 (Nakano-ku)　白鷺1〜3丁目 (中野区)　47　G6
Shiratori 1–4 (Katsushika-ku)　白鳥1〜4丁目 (葛飾区)　52　B3
Shiroganechō (Shinjuku-ku)　白銀町 (新宿区)　57　H2
Shiroganechō 1–2 (Yokohama City)　白銀町1〜2丁目 (横浜市)　82　A6
Shirokane 1–6 (Minato-ku)　白金1〜6丁目 (港区)　65　H3
Shirokanedai 1–5 (Minato-ku)　白金台1〜5丁目 (港区)　65　G4
Shirokanedai Station (subway)　白金台駅 (地下鉄)　34　B5
Shirokane-Takanawa Station (subway)　白金高輪駅 (地下鉄)　65　H3
Shiroyama JT Trust Tower　城山JTトラストタワー　14　B1
Shiseidō (H.O.)　資生堂 (本社)　10　D4
Shishibone 1–6 (Edogawa-ku)　鹿骨1〜6丁目 (江戸川区)　61　F1
Shishibonechō (Edogawa-ku)　鹿骨町 (江戸川区)　61　E1
Shitamachi Museum　下町風俗資料館　22　B5
Shitaya 1–3 (Taitō-ku)　下谷1〜3丁目 (台東区)　50　D6
Shitte Station　尻手駅　76　C5
Shizen Bunkaen (Natural Cultural Garden)　自然文化園　54　A3
Shōan 1–3 (Suginami-ku)　松庵1〜3丁目 (杉並区)　54　C3
Shōgakukan　小学館　20　C5
Shōgi Kaikan (Japan Shōgi Federation Hall)　将棋会館　28　C2
Shōgun Tokugawa Graveyard (Kan'ei-ji Cemetery)　徳川将軍家墓所 (寛永寺墓園)　22　C1
Shōin-Jinjamae Station　松陰神社前駅　64　A3
Shōkō Chūkin Bank (H.O.)　商工中金 (本店)　11　F1
Shosen Book Mart　書泉ブックマート　20　D5
Shosen Grande (bookstore)　書泉グランデ　20　D4

Shōsen Mitsui Building　商船三井ビル　17　F6
Shōtō 1–2 (Shibuya-ku)　松濤1〜2丁目 (渋谷区)　64　D1
Shōtō Museum of Art　松濤美術館　64　D1
Shōwajima 1–2 (Ōta-ku)　昭和島1〜2丁目 (大田区)　74　A6
Shōwajima Station　昭和島駅　74　A6
Shōwamachi 1–3 (Kita-ku)　昭和町1〜3丁目 (北区)　50　A3
Shōwa University　昭和大学　73　E1
Shōwa Univ. Hospital　昭和大学付属病院　67　F2
Shōwa Women's University　昭和女子大学　64　C3
Shūeisha　集英社　20　C5
Shufunotomosha　主婦の友社　20　C2
Shūgiin Dai-Ichi Giin Kaikan (House of Representatives Office Bldg No. 1)　衆議院第一議員会館　16　D3
Shūgiin Dai-Ni Giin Kaikan (House of Representatives Office Bldg No. 2)　衆議院第二議員会館　16　D3
Shukugawara Station　宿河原駅　70　B1
Shushō Kantei (Prime Minister's Official Residence)　首相官邸　17　E4
Shuto Kōsoku Dōro Kōdan (Tokyo Expressway Public Corp.)　首都高速道路公団　17　G5
Shūwa Building　秀和ビル　12　C5
Shūwa Kamiyachō Building　秀和神谷町ビル　14　B1
Shūwa Kioichō TBR Building　秀和紀尾井町TBRビル　19　G5
Shūwa Onarimon Building　秀和御成門ビル　12　B4
Shūwa Park Building　秀和パークビル　19　H4
Shūwa Shiba Park Building　秀和芝パークビル　13　E4
Silk Museum　シルク博物館　83　F4
Sky Building　スカイビル　81　H5
Snow Brand Milk (H.O.)　雪印乳業 (本社)　19　E6
Sōbudaimae Station　相武台前駅　84　C4
Sōbudai-shita Station　相武台下駅　84　D6
Sogō Dept Store (Yokohama)　そごう (横浜店)　81　H5
Sogō Museum of Art　そごう美術館　81　H5
Sōji-ji (temple)　総持寺　80　B3
Sōka Gakkai (H.O.)　創価学会 (本部)　29　F1
Somei Cemetery　染井霊園　49　H4
Sompo Japan (H.O.)　損保ジャパン　26　D2
Sōmushō (Ministry of Public Management, Home Affairs, Posts and Telecommunications)　総務省　17　G3
Sōmushō Bunkan (Ministry of Public Management, Home Affairs, Posts and Telecommunications Iikura Annex)　総務省飯倉分館　14　D2
Sony (H.O.)　ソニー (本社)　35　G3
Sony Building　ソニービル　10　D3
Sony International Conference Hall　ソニー国際会議場　34　C1
Sony Main Building　ソニー本館　35　G2
Sony Music　ソニーミュージック　18　C4
Sophia (Jōchi) University　上智大学　19　G3
Sophia Univ. (Theol.)　上智大学 (神学部)　46　B5
Soshigaya 1–6 (Setagaya-ku)　祖師谷1〜6丁目 (世田谷区)　63　E3
Soshigaya-Ōkura Station　祖師ヶ谷大蔵駅　63　E3
Sōtetsu MOVIL (cinema)　相鉄ムービル　81　F6
Sotobori Park　外濠公園　18　E6
Soto-Kanda 1–6 (Chiyoda-ku)　外神田1〜6丁目 (千代田区)　58　C3
Sphere Tower　スフィアタワー　37　G1
Spiral (hall)　スパイラル (ホール)　31　H2
Sporting Goods Area (Kanda)　スポーツ用品店街　21　E5
State Guesthouse　迎賓館　19　H6
S-TEC Jōhō Building　エステック情報ビル　26　D3

STEP Roppongi STEP六本木 14 D5
Studio ALTA スタジオアルタ 27 F2
Suehirochō 1–3 (Yokohama City) 末広町1～3丁目 (横浜市) 82 D5
Suehirochō Station (subway) 末広町駅 (地下鉄) 21 H1
Suehiro-tei (theater) 末広亭 (演芸場) 27 G3
Sueyoshichō 1–4 (Yokohama City) 末吉町1～4丁目 (横浜市) 82 B6
Sugachō (Shinjuku-ku) 須賀町 (新宿区) 57 G5
Sugamo 1–5 (Toshima-ku) 巣鴨1～5丁目 (豊島区) 49 H5
Sugamo Post Office 巣鴨郵便局 49 H4
Sugamo-Shinden Station 巣鴨新田駅 49 G5
Sugamo Station 巣鴨駅 49 H5
Sugano Station 菅野駅 53 H5
Suginami Historical Museum 杉並郷土博物館 55 H4
Suginami-ku 杉並区 47 55 56
Suginami Minami Post Office 杉並南郵便局 55 G5
Suginami Post Office 杉並郵便局 55 G3
Suginami Ward Office 杉並区役所 55 G3
Sugino Fashion College 杉野服飾大学 65 F5
Suidō 1–2 (Bunkyō-ku) 水道1～2丁目 (文京区) 57 H1
Suidōbashi Station 水道橋駅 20 B2
Suidōchō (Shinjuku-ku) 水道町 (新宿区) 57 H2
Suijin-ōhashi (bridge) 水神大橋 51 G5
Suijō-basu Noriba 水上バスのりば (→Sea-bus Terminals)
Suisan Shiryōkan (Fisheries Musm) 水産資料館 66 A5
Suitengū-mae Station (subway) 水天宮前駅 (地下鉄) 58 D5
Sumida 1–5 (Sumida-ku) 墨田1～5丁目 (墨田区) 51 H5
Sumida-ku 墨田区 51 52 59 60
Sumida Park 隅田公園 59 F1
Sumida Sangyō Kaikan すみだ産業会館 37 F6
Sumida Triphony Hall すみだトリフォニーホール 37 E4
Sumida Ward Office 墨田区役所 23 H3
Sumitomo Corp. 住友商事 20 C6
Sumitomo Fudōsan Hibiya Bldg 住友不動産日比谷ビル 12 A4
Sumitomo Hamamatsuchō Bldg 住友浜松町ビル 12 D3
Sumitomo Ichigaya Building 住友市ヶ谷ビル 18 D3
Sumitomo Mitsui Bank (H.O.) 三井住友銀行 (本店) 10 C2
Sumitomo No. 3 Building 住友3号館ビル 12 C3
Sumitomo Shiba-Kōen Building 住友芝公園ビル 13 F5
Sumitomo Trust (Tokyo H.O.) 住友信託 (東京営業部) 8 D3
Sumitomo Twin Buildings 東京住友ツインビル 58 D6
Sumiyoshi 1–2 (Kōtō-ku) 住吉1～2丁目 (江東区) 59 G4
Sumiyoshichō (Shinjuku-ku) 住吉町 (新宿区) 57 G3
Sumiyoshichō 1–6 (Yokohama City) 住吉町1～6丁目 (横浜市) 83 E5
Sumiyoshi Station (subway) 住吉駅 (地下鉄) 59 G4
Sumō Stadium (Kokugikan) 国技館 59 E3
Sunshine 60 Building サンシャイン60ビル 25 F4
Sunshine City サンシャインシティ 25 F4
Sunshine International Aquarium サンシャイン国際水族館 25 G5
Sunshine Theater サンシャイン劇場 25 G5
Sun Street サンストリート 59 H3
Suntory サントリー 16 B2
Suntory Hall サントリーホール 14 A2
Suntory Museum of Art サントリー美術館 14 A6
Supreme Court 最高裁判所 17 E1
Suwa Park 諏訪公園 84 B3
Suzukichō Station 鈴木町駅 77 G4
Suzumoto Engeijō 鈴本演芸場 22 B5
Symbol Tower シンボルタワー 80 C6

T
Tabako to Shio no Hakubutsukan (Tobacco & Salt Musm) たばこと塩の博物館 30 C2
Tabata 1–6 (Kita-ku) 田端1～6丁目 (北区) 50 B4
Tabata-Shinmachi 1–3 (Kita-ku) 田端新町1～3丁目 (北区) 50 C4
Tabata Station 田端駅 50 B4
Tachiaigawa Station 立会川駅 73 H3
Tachibana 1–6 (Sumida-ku) 立花1～6丁目 (墨田区) 59 H2
Tagara 1–6 (Nerima-ku) 田柄1～6丁目 (練馬区) 47 H1
Taihei 1–4 (Sumida-ku) 太平1～4丁目 (墨田区) 59 G3
Taiheiyō Cement 太平洋セメント 20 B3
Taikan Yokoyama Meml Hall 横山大観記念館 22 A4
Takarazuka Univ. of Art & Design 宝塚造形芸術大学大学院 26 D2
Taiko-kan (Drum Museum) 太鼓館 23 F3
Taipei Economic & Cultural Representative Office 台北駐日経済文化代表処 34 B6
Tairamachi 1–2 (Meguro-ku) 平町1～2丁目 (目黒区) 72 C1
Taishidō 1–5 (Setagaya-ku) 太子堂1～5丁目 (世田谷区) 64 B3
Taishikan Building (Kowa Building No. 38) 大使館ビル (興和ビル38) 32 B3
Taishō University 大正大学 49 G4
Taisō-ji (temple) 太宗寺 27 G5
Taitō 1–4 (Taitō-ku) 台東1～4丁目 (台東区) 58 D2
Taitō-ku 台東区 51 58
Taitō Ward Office 台東区役所 22 D4
Takaban 1–3 (Meguro-ku) 鷹番1～3丁目 (目黒区) 64 D5
Takabashi (Kōtō-ku) 高橋 (江東区) 59 F5
Takachiho Univ. 高千穂大学 55 G5
Takada 1–3 (Toshima-ku) 高田1～3丁目 (豊島区) 57 F1
Takadanobaba 1–4 (Shinjuku-ku) 高田馬場1～4丁目 (新宿区) 57 E1
Takadanobaba Station 高田馬場駅 57 E1
Takagi Bonsai Museum 高木盆栽美術館 18 D4
Takagichō Center Building 高樹町センタービル 32 B4
Takaido-Higashi 1–4 (Suginami-ku) 高井戸東1～4丁目 (杉並区) 55 F5
Takaido-Nishi 1–3 (Suginami-ku) 高井戸西1～3丁目 (杉並区) 55 E4
Takaido Station 高井戸駅 55 E5
Takamatsu 1–3 (Toshima-ku) 高松1～3丁目 (豊島区) 49 E4
Takamatsu 1–6 (Nerima-ku) 高松1～6丁目 (練馬区) 47 G3
Takanawa 1–4 (Minato-ku) 高輪1～4丁目 (港区) 65 H4
Takanawadai Station (subway) 高輪台駅 (地下鉄) 34 D3
Takanawa Post Office 高輪郵便局 65 H3
Takanodai 1–5 (Nerima-ku) 高野台1～5丁目 (練馬区) 47 E3
Takarachō Station (subway) 宝町駅 (地下鉄) 11 H1
Takaramachi 1–2 (Katsushika-ku) 宝町1～2丁目 (葛飾区) 52 A3
Takasago 1–8 (Katsushika-ku) 高砂1～8丁目 (葛飾区) 52 D3
Takashima 1–2 (Yokohama City) 高島1～2丁目 (横浜市) 81 G6
Takashimachō Station 高島町駅 81 F6
Takashimadaira 1–9 (Itabashi-ku) 高島平1～9丁目 (板橋区) 40 B5
Takashimadaira Station (subway) 高島平駅 (地下鉄) 40 A4
Takashimaya Dept Store (Nihombashi) 高島屋 (日本橋店) 9 F5
Takashimaya Dept Store (Tamagawa） 高島屋 (玉川) 71 F1
Takashimaya Dept Store (Yokohama) 高島屋 (横浜店) 81 G5
Takashimaya Times Square 高島屋タイムズスクエア 27 F4
Takatsu-ku (Kawasaki City) 高津区 (川崎市) 71
Takatsu Station 高津駅 71 F2
Takatsu Ward Office (Kawasaki City) 高津区役所 (川崎市) 71 E3
Takebashi Junction 竹橋ジャンクション 20 B6
Takebashi Station (subway) 竹橋駅 (地下鉄) 20 C6
Takenotsuka 1–7 (Adachi-ku) 竹の塚1～7丁目 (足立区) 43 E4

Takenotsuka Station 竹ノ塚駅 43 E4
Takeshiba Station 竹芝駅 13 E1
Takeya 多慶屋 22 C6
Takinogawa 1–7 (Kita-ku) 滝野川1～7丁目 (北区) 49 G3
Tako no Hakubutsukan (Kite Museum) 凧の博物館 9 G4
Takushoku University 拓殖大学 57 H1
Tama Art University 多摩美術大学 71 G1
Tamachi Center Building 田町センタービル 13 H6
Tamachi Station 田町駅 13 H6
Tamagawa 1–2 (Ōta-ku) 多摩川1～2丁目 (大田区) 77 E1
Tamagawa 1–4 (Setagaya-ku) 玉川1～4丁目 (世田谷区) 71 G1
Tamagawadai 1–2 (Setagaya-ku) 玉川台1～2丁目 (世田谷区)
 63 G6
Tamagawadai Park 多摩川台公園 72 B4
Tamagawa Den'en Chōfu 1–2 (Setagaya-ku) 玉川田園調布1～2丁目
 (世田谷区) 72 A2
Tamagawa Station 多摩川駅 72 B4
Tamagawa-ōhashi (bridge) 多摩川大橋 76 D2
Tamagawa Post Office 玉川郵便局 63 H6
Tama Ward Office (Kawasaki City) 多摩区役所 (川崎市) 62 A6
Tamazutsumi 1–2 (Setagaya-ku) 玉堤1～2丁目 (世田谷区) 71 H3
Tameike-Sannō Station (subway) 溜池山王駅 (地下鉄) 16 D5
Tanimachi Junction 谷町ジャンクション 14 A4
Tansumachi (Shinjuku-ku) 箪笥町 (新宿区) 57 H3
Tarō Okamoto Meml Hall 岡本太郎記念館 32 A6
Tasaki Shinju 田崎真珠 11 E4
Tateishi 1–8 (Katsushika-ku) 立石1～8丁目 (葛飾区) 52 B4
Tatekawa 1–4 (Sumida-ku) 立川1～4丁目 (墨田区) 59 F4
Tatenochō (Nerima-ku) 立野町 (練馬区) 54 B1
Tatsumi 1–3 (Kōtō-ku) 辰巳1～3丁目 (江東区) 67 G3
Tatsumi Int'l Swimming Pool (Tokyo-Tatsumi Int'l Swimming
 Pool) 東京辰巳国際水泳場 67 H3
Tatsumi Junction 辰巳ジャンクション 67 G3
Tatsumi-no-mori Marine Park 辰巳の森海浜公園 67 G2
Tatsumi Station (subway) 辰巳駅 (地下鉄) 67 G3
Tatsunuma 1–2 (Adachi-ku) 辰沼1～2丁目 (足立区) 44 A5
Tawaramachi Station (subway) 田原町駅 (地下鉄) 23 E4
TBR Building TBRビル 16 D3
TBS Broadcasting Center TBS放送センター 16 B5
TCAT (Tokyo City Air Terminal) 東京シティ エアターミナル 59 E5
Technopia テクノピア 77 E4
Technoplaza Katsushika テクノプラザかつしか 52 B2
Teikoku Gekijō (Imperial Theater) 帝国劇場 10 C1
Teikyō University (Med.) 帝京大学医学部 49 F2
Teikyō University Hospital 帝京大学病院 49 F2
Teishin Byōin (Tokyo Teishin Hospital) 東京逓信病院 18 B2
Teishin Sōgō Hakubutsukan (Communications Musm) 逓信総
 合博物館 8 D2
Tekkō Building 鉄鋼ビル 9 E4
Telecom Center Building テレコムセンタービル 74 D1
Telecom Center Station テレコムセンター駅 66 D6
Tenjinchō (Shinjuku-ku) 天神町 (新宿区) 57 H2
Tenkūbashi Station 天空橋駅 78 B3
Tennōzu Central Tower 天王洲セントラルタワー 37 G1
Tennōzu Isle Station 天王洲アイル駅 37 G1
Tennōzu Park Side Bldg 天王洲パークサイドビル 37 G2
Tennōzu View Tower 天王洲ビュータワー 37 G2
Tennōzu Yūsen Building 天王洲郵船ビル 37 G1
TEPCO Asakusa-kan テプコ浅草館 23 F2

TEPCO Electric Energy Museum 電力館 30 C2
Termina テルミナ 37 F5
Tetsudō Kōsai Kaikan 鉄道弘済会館 19 G5
Tetsugakudō Park 哲学堂公園 48 B6
Theater Cocoon シアターコクーン 30 A3
Theatre Ginza, Le ル・テアトル銀座 11 G2
Theatre Shinjuku テアトル新宿 (映画) 27 G2
THE DIAMOND (underground arcade) ザ・ダイヤモンド (地下街)
 81 G4
The Museum ザ・ミュージアム 30 A4
The PRIME ザ・プライム 30 B4
The National Art Center, Tokyo 国立新美術館 65 G1
Thomas Cook トーマスクック 9 G1
Tobacco & Salt Museum たばこと塩の博物館 30 C2
Tobechō 1–7 (Yokohama City) 戸部町1～7丁目 (横浜市) 82 B2
Tobe-Honchō (Yokohama City) 戸部本町 (横浜市) 82 A2
Tobe Station 戸部駅 82 A2
Tōbu-Asakusa Station 東武浅草駅 23 H3
Tōbu Dept Store (Ikebukuro) 東武百貨店 (池袋店) 24 C4
Tōbu-Nerima Station 東武練馬駅 48 A1
TOC 東京卸売センター 65 G6
Tochōmae Station (subway) 都庁前駅 (地下鉄) 26 C3
Toda City (Saitama-ken) 戸田市 (埼玉県) 39 40
Toda City Office 戸田市役所 40 C1
Tōdaimae Station (subway) 東大前駅 (地下鉄) 58 B1
Toda-Kōen Station 戸田公園駅 40 C2
Toda Station 戸田駅 40 B1
Todōfuken Kaikan 都道府県会館 16 C1
Todoroki 1–8 (Setagaya-ku) 等々力1～8丁目 (世田谷区) 72 A1
Todoroki Station 等々力駅 71 H1
Todoroki Valley Park 等々力渓谷公園 71 H2
Tōei Kaikan (cinema) 東映会館 11 E2
Tōgeki Building (cinema) 東劇ビル (映画) 11 G5
Togenuki Jizō (Kōgan-ji／temple) とげぬき地蔵 (高岩寺) 49 H5
Tōgō-jinja (shrine) 東郷神社 28 B5
Tōgō Seiji Bijutsukan (Seiji Tōgō Art Musm) 東郷青児美術館
 26 D2
Togoshi 1–6 (Shinagawa-ku) 戸越1～6丁目 (品川区) 73 G1
Togoshi-Ginza Station 戸越銀座駅 73 F1
Togoshi-Kōen Station 戸越公園駅 73 G1
Togoshi Park 戸越公園 73 G1
Togoshi Station (subway) 戸越駅 (地下鉄) 73 F1
Tōgū Gosho (Crown Prince's Residence) 東宮御所 29 H2
Toguri Museum of Art 戸栗美術館 64 D1
Tōhō (H.O.) 東宝 (本社) 10 C3
Tōhō Twin Tower 東宝ツインタワー 10 C2
Tōhō University (Med.) 東邦大学 (医学部) 73 G6
Tōhō Univ. Hospital 東邦大学病院 64 C2
Tōkai 1–6 (Ōta-ku) 東海1～6丁目 (大田区) 74 C4
Tōkai Junction 東海ジャンクション 74 A5
Tōken Hakubutsukan (Japanese Sword Musm) 刀剣博物館
 56 D5
Tokiwa 1–2 (Kōtō-ku) 常盤1～2丁目 (江東区) 59 E5
Tokiwachō 1–6 (Yokohama City) 常盤町1～6丁目 (横浜市) 83 E5
Tokiwadai 1–4 (Itabashi-ku) 常盤台1～4丁目 (板橋区) 48 D1
Tokiwadai Station ときわ台駅 48 D2
Tokkyochō (Patent Office) 特許庁 17 E5
Tokumaru 1–8 (Itabashi-ku) 徳丸1～8丁目 (板橋区) 40 A6
Tokyo Art Club 東京美術倶楽部 12 C4

Tokyo Big Sight (Tokyo Int'l Exhibition Hall)　東京ビッグサイト
　(東京国際展示場)　67 E5
Tokyo Bijutsu Kurabu (Tokyo Art Club)　東京美術倶楽部　12 C4
Tokyo Budō-kan　東武道館　51 H1
Tokyo Building　東京ビル　8 D6
Tokyo Bunka Kaikan (Tokyo Metr. Festival Hall)　東京文化会館
　22 B3
Tokyo Central Post Office　東京中央郵便局　8 D5
Tokyo Central Wholesale Market (Ōta Shijō)　東京中央卸売市場
　(大田市場)　74 B5
Tokyo Central Wholesale Market (Tsukiji Shijō)　東京中央卸売市場
　(築地市場)　66 C1
Tokyo Chamber of Commerce & Industry　東京商工会議所　8 C6
Tokyo Chihō Saibansho (Tokyo District Court)　東京地方裁判所
　17 H3
Tokyo Chinese School　東京中華学校　19 E5
Tokyo Chūka Gakkō (Tokyo Chinese School)　東京中華学校　19 E5
Tokyo Chūō Oroshiurishijō (Tokyo Central Wholesale Market／
　Ōta Shijō)　東京中央卸売市場 (大田市場)　74 B5
Tokyo Chūō Oroshiurishijō (Tokyo Central Wholesale Market／
　Tsukiji Shijō)　東京中央卸売市場 (築地市場)　66 C1
Tokyo Chūō Yūbinkyoku (Tokyo Central Post Office)　東京中央郵便局
　8 D5
Tokyo City Air Terminal (TCAT)　東京シティエアターミナル　59 E5
Tokyo Club Building　東京倶楽部ビル　17 F5
Tokyo College of Music　東京音楽大学　49 F6
Tokyo Commodity Exchange　東京工業品取引所　9 H1
Tokyo Customhouse　東京税関　74 D1
Tokyo Daibutsu　東京大仏　39 H5
Tokyo Daigaku　東京大学 (→Univ. of Tokyo)
Tokyo Denki University　東京電機大学　21 E5
Tokyo Denryoku (Tokyo Electric Power Co.／H.O.)　東京電力
　(本社)　10 B4
Tokyo Dental College Hospital　東京歯科大学病院　20 B2
Tokyo Disneyland　東京ディズニーランド　69 E5
Tokyo DisneySea　東京ディズニーシー　69 F5
Tokyo Distribution Center　東京流通センター　74 A5
Tokyo District Court　東京地方裁判所　17 H3
Tokyo-dō (bookstore)　東京堂 (書店)　20 D5
Tokyo Dome　東京ドーム　58 A2
Tokyo Dome City　東京ドームシティ　20 B1
Tokyo Electric Power Company (H.O.)　東京電力本社　10 B4
Tokyo Expressway Public Corp.　首都高速道路公団　17 G5
Tokyo Family Court　東京家庭裁判所　17 H3
Tokyo Ferry Terminal　東京フェリーターミナル　75 E1
Tokyo Fire Department　東京消防庁　8 C1
Tokyo Fisheries Terminal　東京水産ターミナル　74 C4
Tokyo FM　FM東京　19 G1
Tokyo Gas Building　東京ガスビル　13 F2
Tokyo Gas Laboratory　東京ガス技術研究所　13 H4
Tokyo Geijutsu Daigaku　東京芸術大学　22 A1
Tokyo Geijutsu Gekijō (Tokyo Metr. Art Space)　東京芸術劇場　24 C4
Tokyo Ginza Shiseidō Bldg　東京銀座資生堂ビル　10 D5
Tokyo Gymnasium　東京体育館　28 D1
Tokyo Heliport　東京ヘリポート　68 A4
Tokyo High Court　東京高等裁判所　17 H3
Tokyo Hongan-ji (temple)　東京本願寺　23 E3
Tokyo Ika Daigaku (Tokyo Medical College)　東京医科大学　57 F3

Tokyo Ika Daigaku Byōin (Tokyo Med. Coll. Hosp.)　東京医科大学
　病院　26 B2
Tokyo Ikashika Daigaku (Tokyo Med. & Dent. Univ.)　東京医科歯科
　大学　20 B2
Tokyo Institute of Polytechnics　東京工芸大学　56 C3
Tokyo Institute of Technology　東京工業大学　72 C2
Tokyo Insurance Bureau　東京簡易保険事務センター　15 G2
Tokyo International Airport (Haneda Airport)　東京国際空港 (羽田
　空港)　78 C2
Tokyo International Exhibition Hall (Tokyo Big Sight)　東京国際
　展示場 (東京ビッグサイト)　67 E5
Tokyo International Forum　東京国際フォーラム　8 C6
Tokyo International Post Office　東京国際郵便局　9 E2
Tokyo Jikeikai Ika Daigaku　東京慈恵会医科大学 (→Jikei Univ. School
　of Medicine)
Tokyo Joshi Daigaku (Tokyo Women's Christian Univ.)　東京女子
　大学　54 C1
Tokyo Joshi Ika Daigaku　東京女子医科大学 (→Tokyo Women's
　Med. College)
Tokyo Josui Kaikan　東京如水会館　20 C6
Tokyo-Kaijō Building　東京海上ビル　8 C4
Tokyo Kaikan　東京会館　8 B6
Tokyo Kan'i Hoken Jimu Center (Tokyo Insurance Bureau)　東京
　簡易保険事務センター　15 G2
Tokyo Kan'i Saibansho (Tokyo Summary Court)　東京簡易裁判所
　17 H3
Tokyo Kasei University　東京家政大学　49 G2
Tokyo Katedoraru Sei-Maria Daiseidō (St. Mary's Cathedral)
　東京カテドラル聖マリア大聖堂　57 G1
Tokyo Katei Saibansho (Tokyo Family Court)　東京家庭裁判所　17 H3
Tokyo Kōgei Daigaku (Tokyo Inst. of Polytechnics)　東京工芸大学
　56 C3
Tokyo Kōgyō Daigaku (Tokyo Inst. of Technology)　東京工業大学
　72 C2
Tokyo Kōgyōhin Torihikijo (Tokyo Commodity Exchange)　東京工業
　品取引所　9 H1
Tokyo-kō Kanri Jimusho (Tokyo Port Management Office)　東京
　港管理事務所　13 G1
Tokyo Kokuritsu Hakubutsukan (Tokyo Nat'l Musm)　東京国立博
　物館　22 C1
Tokyo Kokusai Forum (Tokyo Int'l Forum)　東京国際フォーラム
　8 C6
Tokyo Kokusai Tenjijō (Tokyo Int'l Exhibition Hall)　東京国際展示場
　67 E5
Tokyo Kokusai Yūbinkyoku (Tokyo Int'l Post Office)　東京国際郵便
　局　9 E2
Tokyo Kōtō Saibansho (Tokyo High Court)　東京高等裁判所
　17 H3
Tokyo Kōtsū Kaikan　東京交通会館　11 E1
Tokyo-kō Yachō Kōen (Tokyo Port Wild Bird Park)　東京港野鳥公
　園　74 B4
Tokyo Marine Pool　東京マリンプール　42 D5
Tokyo Medical College　東京医科大学　57 F3
Tokyo Medical Coll. Hospital　東京医科大学病院　26 B2
Tokyo Medical & Dental University　東京医科歯科大学　20 B2
Tokyo Medical & Dental Univ. Hospital　東京医科歯科大学附属病院
　21 E2
Tokyo Metropolitan Archives　東京都公文書館　13 E1

Tokyo Metropolitan Art Museum 東京都美術館 22 B2
Tokyo Metropolitan Art Space 東京芸術劇場 24 C4
Tokyo Metropolitan Central Library 東京都立中央図書館 33 F1
Tokyo Metropolitan Festival Hall 東京文化会館 22 B3
Tokyo Metropolitan Government Office 東京都庁 26 B4
Tokyo Metropolitan Health Plaza Hygeia 東京都健康プラザハイジア 27 F1
Tokyo Metropolitan Museum of Modern Literature 都立近代文学博物館 64 C1
Tokyo Metropolitan Museum of Photography 東京都写真美術館 36 B3
Tokyo Metropolitan Police Dept (Keishichō) 警視庁 17 G3
Tokyo Metropolitan Univ. 首都大学東京 50 C3
Tokyo Midtown 東京ミッドタウン 14 B6
Tokyo Mitsubishi Bank (Bank of Tokyo Mitsubishi／H.O.) 東京三菱銀行 (本店) 8 C6
Tokyo National Museum 東京国立博物館 22 C1
Tokyo Newspapers (Tokyo Chūnichi Newspapers) 東京新聞 (中日新聞) 66 A5
Tokyo Nichifutsu Gakuin (Institut Franco-Japonais de Tokyo) 東京日仏学院 18 A3
Tokyo Nōgyō Daigaku (Tokyo Univ. of Agri.) 東京農業大学 63 G4
Tokyo Nyūkoku Kanrikyoku (Tokyo Regional Immigration Bureau) 東京入国管理局 66 B5
Tokyo Ongaku Daigaku (Tokyo Coll. of Music) 東京音楽大学 49 F6
Tokyo Opera City 東京オペラシティ 26 A6
Tokyo Oroshiuri Center (TOC) 東京卸売センター 65 G6
Tokyo Port Management Office 東京港管理事務所 13 G1
Tokyo Port Wild Bird Park 東京港野鳥公園 74 B4
Tokyo Postal Services Agency Hospital (Tokyo Teishin Hospital) 東京通信病院 18 B2
Tokyo Postal Services Bureau 東京郵政局 9 E2
Tokyo Prison 東京拘置所 51 G2
Tokyo Regional Immigration Bureau 東京入国管理局 66 B5
Tokyo Rika Daigaku (Science Univ. of Tokyo) 東京理科大学 18 A2
Tokyo Ryūtsū Center (Tokyo Distribution Center) 東京流通センター 74 A5
Tokyo Sangyō Bōeki Kaikan (Tokyo Trade Center) 東京産業貿易会館 13 E1
Tokyo Sea Life Park 葛西臨海水族園 68 C4
Tokyo Shika Daigaku Byōin (Tokyo Dental Coll. Hosp.) 東京歯科大学病院 20 B2
Tokyo (Chūnichi) Shimbun 東京 (中日) 新聞 66 A5
Tokyo Shiodome Bldg 東京汐留ビル 12 B1
Tokyo Shōbōchō (Tokyo Fire Dept) 東京消防庁 8 C1
Tokyo Shōken Kaikan 東京証券会館 9 H5
Tokyo Shōken Torihikijo (Tokyo Stock Exchange) 東京証券取引所 9 H4
Tokyo Shōkō Kaigisho (Tokyo Chamber of Commerce & Industry) 東京商工会議所 8 C6
Tokyo Sports Center 東京スポーツセンター 66 D4
Tokyo Station 東京駅 8 D5
Tokyo Station Gallery 東京ステーションギャラリー 8 D4
Tokyo Stock Exchange 東京証券取引所 9 H4
Tokyo Sumitomo Twin Buildings 東京住友ツインビル 58 D6
Tokyo Summary Court 東京簡易裁判所 17 H3
Tokyo Taiikukan (Tokyo Gymnasium) 東京体育館 28 D1
Tokyo Takarazuka Theater 東京宝塚劇場 10 C3
Tokyo-Tatsumi Int'l Swimming Pool 東京辰巳国際水泳場 67 H3
Tokyo Teishin Hospital 東京通信病院 18 B2

Tokyo Teleport Station 東京テレポート駅 66 D5
Tokyo-to Bijutsukan (Tokyo Metr. Art Musm) 東京都美術館 22 B2
Tokyo Tochō (Tokyo Metr. Government Office) 東京都庁 26 B4
Tokyo-to Geihinkan (Metr. Guesthouse) 東京都迎賓館 36 D5
Tokyo-to Gendai Bijutsukan (Musm of Contemporary Art Tokyo) 東京都現代美術館 59 G5
Tokyo-Togikai Gijidō (Metr. Assembly Hall) 東京都議会議事堂 26 C4
Tokyo-to Jidōkaikan (Metr. Children's House) 東京都児童会館 30 D3
Tokyo-to Kenkō Plaza Hygeia (Tokyo Metr. Health Plaza Hygeia) 東京都健康プラザハイジア 27 F1
Tokyo-to Kōbunshokan (Tokyo Metr. Archives) 東京都公文書館 13 E1
Tokyo Tomin Bank (H.O.) 東京都民銀行 (本店) 14 B4
Tokyo-to Shashin Bijutsukan (Tokyo Metr. Musm of Photography) 東京都写真美術館 36 B3
Tokyo-to Teien Bijutsukan (Metr. Teien Art Musm) 東京都庭園美術館 36 D5
Tokyo Tower 東京タワー 12 D6
Tokyo Tower Amusement Hall 東京タワーアミューズメントホール 12 D6
Tokyo Trade Center 東京産業貿易会館 13 E1
Tokyo Union Church 東京ユニオンチャーチ 31 G1
Tokyo University of Agriculture 東京農業大学 63 G4
Tokyo University of Fine Arts and Music (Tokyo Geijutsu Daigaku) 東京芸術大学 22 A1
Tokyo Univ. of Marine Science and Technology 東京海洋大学 37 F1
Tokyo Univ. of Marine Science and Technology 東京海洋大学 67 E1
Tokyo Waterworks History Museum 東京都水道歴史館 20 D1
Tokyo Women's Christian University 東京女子大学 54 C1
Tokyo Women's Medical College 東京女子医大学 57 G3
Tokyo Women's Medical College Hospital 東京女子医科大学病院 57 G3
Tokyo Yūseikyoku (Tokyo Postal Services Bureau) 東京郵政局 9 E2
Tokyo Zeikan (Tokyo Customhouse) 東京税関 74 D1
Tōkyū Bunkamura (Bunkamura) (東急) Bunkamura 30 A4
Tōkyū Corp. (H.O.) 東急電鉄 (本社) 30 A3
Tōkyū Dept Store (Main Store) 東急百貨店 (本店) 30 A3
Tōkyū Hands (Futako-Tamagawa) 東急ハンズ (二子玉川店) 71 F1
Tōkyū Hands (Ikebukuro) 東急ハンズ (池袋店) 25 F4
Tōkyū Hands (Shibuya) 東急ハンズ (渋谷店) 30 B3
Tōkyū Hands (Shinjuku) 東急ハンズ (新宿店) 27 F5
Tōkyū Hands (Yokohama) 東急ハンズ (横浜店) 81 E6
Tōkyū-Kamata Station 東急蒲田駅 77 F1
Tōkyū Tameike Building 東急溜池ビル 17 E5
Tōkyū Tōyoko Dept Store 東急東横店 30 D4
Tōmen トーメン 11 E1
Tomigaya 1–2 (Shibuya-ku) 富ヶ谷1〜2丁目 (渋谷区) 64 D1
Tomihisachō (Shinjuku-ku) 富久町 (新宿区) 57 F4
Tomioka 1–2 (Kōtō-ku) 富岡1〜2丁目 (江東区) 59 F6
Tomioka Hachimangū (shrine) 富岡八幡宮 59 F6
Tomioka Museum 富岡美術館 73 G4
Toneri Station 舎人駅 42 C2
Toneri 1–6 (Adachi-ku) 舎人1〜6丁目 (足立区) 42 C2
Tonerikōen (Adachi-ku) 舎人公園 (足立区) 42 C3

Toneri-Kōen Station 舎人公園駅 42 C3
Tonerimachi (Adachi-ku) 舎人町 (足立区) 42 C3
Toneri Park 舎人公園 42 C3
Toppan Printing (H.O.) 凸版印刷 (本社) 58 D2
Toranomon 1–5 (Minato-ku) 虎ノ門1～5丁目 (港区) 66 A1
Toranomon Hall 虎ノ門ホール 17 F5
Toranomon Hospital 虎の門病院 17 E6
Toranomon Mitsui Building 虎ノ門三井ビル 17 F6
Toranomon Ni-chōme Tower 虎ノ門2丁目タワー 17 F6
Toranomon Pastoral 虎ノ門パストラル 14 B1
Toranomon Station (subway) 虎ノ門駅 (地下鉄) 17 G5
Tora-san Meml Hall 寅さん記念館 53 E2
Toray Building 東レビル 9 G2
Torigoe 1–2 (Taitō-ku) 鳥越1～2丁目 (台東区) 58 D2
Toriizaka Church 鳥居坂教会 14 D5
Toritsu Bokutō Byōin (Metr. Bokutō Hosp.) 都立墨東病院 37 H6
Toritsu Chūō Toshokan (Tokyo Metr. Central Library) 都立中央
    図書館 33 F1
Toritsu-Daigaku Station 都立大学駅 72 C1
Toritsu Ebara Byōin (Ebara Hosp.) 都立荏原病院 72 D3
Toritsu Hibiya Toshokan (Metr. Hibiya Library) 都立日比谷図書館
    10 A3
Toritsu Hiro-o Byōin (Tokyo Metr. Hiro-o Hosp.) 都立広尾病院
    33 H4
Toritsu-Kasei Station 都立家政駅 47 H6
Toritsu Kindai Bungaku Hakubutsukan (Tokyo Metr. Musm of
    Modern Literature) 都立近代文学博物館 64 C1
Toritsu Komagome Byōin (Komagome Hosp.) 都立駒込病院 50 B5
Toritsu Matsuzawa Byōin (Metr. Matsuzawa Hosp.) 都立松沢病院
    63 F1
Toritsu Ōkubo Byōin (Metr. Ōkubo Hosp.) 都立大久保病院 27 F1
Toritsu Ōtsuka Byōin (Metr. Ōtsuka Hosp.) 都立大塚病院 49 H6
Toritsu Umegaoka Byōin (Umegaoka Hosp.) 都立梅ヶ丘病院 63 H2
Tōshiba Building 東芝ビル 13 G2
Tōshiba EMI 東芝EMI 16 D5
Tōshiba Science Institute 東芝科学館 76 D2
Toshi Center Hall 都市センターホール 19 H3
Toshima 1–8 (Kita-ku) 豊島1～8丁目 (北区) 50 A1
Toshimaen (amusement park) としまえん 47 H3
Toshimaen Station 豊島園駅 47 H4
Toshima Hospital 豊島病院 49 E2
Toshima-ku 豊島区 49 50 57
Toshima Post Office 豊島郵便局 25 G4
Toshima Public Hall 豊島公会堂 25 E3
Toshima Ward Local Museum 豊島区郷土資料館 24 B5
Toshima Ward Office 豊島区役所 25 E3
Tōshinchō 1–2 (Itabashi-ku) 東新町1～2丁目 (板橋区) 48 C2
Tōshōgū (shrine／Shiba-Kōen) 東照宮 (芝公園) 13 E5
Tōshōgū (shrine／Ueno) 東照宮 (上野) 22 A3
Totsukamachi 1 (Shinjuku-ku) 戸塚町1丁目 (新宿区) 57 G2
Tourist Information Center (Asakusa) 浅草文化観光センター 23 G3
Tourist Information Center (Yūrakuchō) ツーリスト・インフォメー
    ション・センター 8 C6
Tōwa 1–5 (Adachi-ku) 東和1～5丁目 (足立区) 44 A6
Tower Records (Shibuya) タワーレコード (渋谷) 30 C3
Tower Riverk タワーリバーク 81 F1
Toyama 1–3 (Shinjuku-ku) 戸山1～3丁目 (新宿区) 57 F2
Toyama Park 戸山公園 57 F2
Toy Museum おもちゃ美術館 56 B1

Tōyō 1–7 (Kōtō-ku) 東陽1～7丁目 (江東区) 59 G6
Tōyō Building 東洋ビル 81 G4
Tōyō Bunko 東洋文庫 50 A5
Tōyōchō Station (subway) 東陽町駅 (地下鉄) 59 H6
Toyokawa Inari (temple) 豊川稲荷 (寺院) 16 A3
Toyomichō (Chūō-ku) 豊海町 (中央区) 66 C2
Toyosu 1–6 (Kōtō-ku) 豊洲1～6丁目 (江東区) 67 F2
Toyosu Futō (wharf) 豊洲ふ頭 66 D3
Toyosu Station (subway) 豊洲駅 (地下鉄) 67 F2
Toyota Amlux トヨタアムラックス 25 F4
Toyotama-Kami 1–2 (Nerima-ku) 豊玉上1～2丁目 (練馬区) 48 B4
Toyotama-Kita 1–6 (Nerima-ku) 豊玉北1～6丁目 (練馬区) 48 A5
Toyotama-Minami 1–3 (Nerima-ku) 豊玉南1～3丁目 (練馬区) 48 A5
Toyotama-Naka 1–4 (Nerima-ku) 豊玉中1～4丁目 (練馬区) 48 A5
Tōyō University 東洋大学 50 A6
Tōzen-ji (temple) 東禅寺 34 C2
Trade Representative of Russia ロシア通商代表部 35 E3
Traditional Crafts Museum (Edo Shitamachi Traditional Crafts
    Museum) 江戸下町伝統工芸館 23 F1
Triton Square トリトンスクエア 66 D2
Tsubaki 1–2 (Adachi-ku) 椿1～2丁目 (足立区) 42 B5
Tsuda Hall 津田ホール 28 C1
Tsudayama Station 津田山駅 70 D2
Tsukiji 1–7 (Chūō-ku) 築地1～7丁目 (中央区) 58 C6
Tsukiji Hongan-ji (temple) 築地本願寺 11 H6
Tsukijimachi (Shinjuku-ku) 築地町 (新宿区) 57 H2
Tsukiji Shijō (Tokyo Central Wholesale Market) 東京中央卸売市場
    (築地市場) 66 C1
Tsukiji-Shijō Station (subway) 築地市場駅 (地下鉄) 66 C1
Tsukiji Station (subway) 築地駅 (地下鉄) 11 H5
Tsukishima 1–4 (Chūō-ku) 月島1～4丁目 (中央区) 66 D1
Tsukishima Station (subway) 月島駅 (地下鉄) 66 D1
Tsukuda 1–3 (Chūō-ku) 佃1～3丁目 (中央区) 66 D1
Tsukuda-ōhashi (bridge) 佃大橋 58 D6
Tsukudochō (Shinjuku-ku) 津久戸町 (新宿区) 57 H2
Tsukudo-Hachimanchō (Shinjuku-ku) 筑土八幡町 (新宿区) 57 H2
Tsurumaki 1–5 (Setagaya-ku) 弦巻1～5丁目 (世田谷区) 63 H4
Tsurumi-Ichiba Station 鶴見市場駅 76 D6
Tsurumi Station 鶴見駅 80 B3
Tsurumi Tsubasa-hashi 鶴見つばさ橋 80 C5
Tsutsujigaoka Station つつじケ丘駅 62 A2
Tsutsumi Dōri 1–2 (Sumida-ku) 堤通1～2丁目 (墨田区) 51 G5
Tuttle Books タトル 20 D4
TV Asahi (ANB) テレビ朝日 14 D6
TV Kanagawa (TVK) テレビ神奈川 83 G6
TV Tokyo (TX) テレビ東京 14 B1

U
Uchi-Kanda 1–3 (Chiyoda-ku) 内神田1～3丁目 (千代田区) 58 C4
Uchi-Saiwaichō 1–2 (Chiyoda-ku) 内幸町1～2丁目 (千代田区) 58 B6
Uchisaiwaichō Hall 内幸町ホール 10 B4
Uchisaiwaichō Station (subway) 内幸町駅 (地下鉄) 10 A4
Udagawachō (Shibuya-ku) 宇田川町 (渋谷区) 65 E1
Uehara 1–3 (Shibuya-ku) 上原1～3丁目 (渋谷区) 64 C1
Ueno 1–7 (Taitō-ku) 上野1～7丁目 (台東区) 58 C2
Ueno-Hirokōji Station (subway) 上野広小路駅 (地下鉄) 22 B6
Ueno-Kōen (Taitō-ku) 上野公園 (台東区) 22 B3
Ueno-Okachimachi Station (subway) 上野御徒町駅 (地下鉄) 22
    B6

Ueno Park 上野恩賜公園 22 B2
Ueno Post Office 上野郵便局 22 D1
Ueno Royal Museum 上野の森美術館 22 B4
Ueno-Sakuragi 1–2 (Taitō-ku) 上野桜木1〜2丁目 (台東区) 50 D6
Ueno Station 上野駅 22 C4
Ueno Zoological Gardens 上野動物園 22 A2
Uguisudanichō (Shibuya-ku) 鶯谷町 (渋谷区) 65 E2
Uguisudani Station 鶯谷駅 22 D1
Ukima 1–5 (Kita-ku) 浮間1〜5丁目 (北区) 40 E4
Ukima-Funado Station 浮間舟渡駅 40 D4
Ukima Park 浮間公園 40 D3
Umaya-bashi (bridge) 厩橋 23 F6
Umeda 1–8 (Adachi-ku) 梅田1〜8丁目 (足立区) 51 F1
Umegaoka 1–3 (Setagaya-ku) 梅丘1〜3丁目 (世田谷区) 64 A2
Umegaoka Hospital 都立梅ヶ丘病院 63 H2
Umegaoka Station 梅ヶ丘駅 64 A2
Umejima 1–3 (Adachi-ku) 梅島1〜3丁目 (足立区) 43 F6
Umejima Station 梅島駅 43 F6
Umewaka Noh Theater 梅若能楽院会館 56 C2
Umeyashiki Station 梅屋敷駅 73 H6
Umezato 1–2 (Suginami-ku) 梅里1〜2丁目 (杉並区) 55 H3
Umibe (Kōtō-ku) 海辺 (江東区) 59 H5
Unane 1–3 (Setagaya-ku) 宇奈根1〜3丁目 (世田谷区) 62 D6
United Nations University (H.O.) 国連大学 (本部) 31 F3
University of the Sacred Heart 聖心女子大学 33 F4
University of Tokyo 東京大学 58 B1
Univ. of Tokyo (Agri.) 東京大学 (農学部) 58 B1
Univ. of Tokyo (Engin.) 東京大学 (工学部) 58 C1
Univ. of Tokyo Hospital 東京大学附属病院 58 C1
Univ. of Tokyo Institute of Medical Science 東大医科学研究所 34 A6
Univ. of Tokyo Inst. of Medical Science Hospital 東大医科学研究所 付属病院 34 A5
Univ. of Tokyo (Liberal Arts) 東京大学 (教養学部) 64 C1
Unoki 1–3 (Ōta-ku) 鵜の木1〜3丁目 (大田区) 72 C6
Unoki Station 鵜の木駅 72 C6
U-Port ゆうぽうと 35 H6
Urayasu City (Chiba-ken) 浦安市 (千葉県) 61 69
Urayasu City Office 浦安市役所 69 G2
Urayasu Station (subway) 浦安駅 (地下鉄) 69 F1
Urban Dock Lalaport Toyosu アーバンドックららぽーと豊洲 67 E2
Urbannet Ikebukuro Building アーバンネット池袋ビル 25 G4
Urbannet New Ōtemachi Bldg アーバンネット新大手町ビル 8 D2
Urban Shiba-Kōen Building アーバン芝公園ビル 12 C5
U.S. Air Force Yokota Air Base 米空軍横田基地 84 A4
U.S. Army Camp Zama 米陸軍キャンプ座間 84 C5
U.S. Navy Yokosuka Base 米海軍横須賀基地 84 A3
Ushida Station 牛田駅 51 G3
Ushigome-Kagurazaka Station (subway) 牛込神楽坂駅 (地下鉄) 18 A4
Ushigome Post Office 牛込郵便局 18 A6
Ushihama Station 牛浜駅 84 B6

V
VIVRE 21 (Yokohama) ビブレ21 (横浜店) 81 F5

W
Wada 1–3 (Suginami-ku) 和田1〜3丁目 (杉並区) 56 A4

Wadabori Park 和田堀公園 55 H5
Wadakura Fountain Park 和田倉噴水公園 8 B3
Wakaba 1–3 (Shinjuku-ku) 若葉1〜3丁目 (新宿区) 57 G5
Wakabachō (Yokohama City) 若葉町1〜3丁目 (横浜市) 82 C6
Wakabayashi 1–5 (Setagaya-ku) 若林1〜5丁目 (世田谷区) 64 A3
Wakabayashi Station 若林駅 64 A3
Wakagi 1–3 (Itabashi-ku) 若木1〜3丁目 (板橋区) 40 B6
Wakamatsuchō (Shinjuku-ku) 若松町 (新宿区) 57 F3
Wakamatsu-Kawada Station (subway) 若松河田駅 (地下鉄) 57 F3
Wakamiya 1–3 (Nakano-ku) 若宮1〜3丁目 (中野区) 55 H1
Wakamiyachō (Shinjuku-ku) 若宮町 (新宿区) 18 A3
Wakasu (Kōtō-ku) 若洲 (江東区) 68 A5
Wakasu Kaihin Park 若洲海浜公園 68 A6
Wakō 和光 11 E3
Wakō City (Saitama-ken) 和光市 (埼玉県) 39 47
Wakō City Office 和光市役所 38 D5
Wakō-shi Station 和光市駅 39 E4
Wanza Ariake ワンザ有明 67 E5
Wasedamachi (Shinjuku-ku) 早稲田町 (新宿区) 57 G2
Waseda-Minamichō (Shinjuku-ku) 早稲田南町 (新宿区) 57 G2
Waseda Station 早稲田駅 57 G1
Waseda Station (subway) 早稲田駅 (地下鉄) 57 G2
Waseda-Tsurumakichō (Shinjuku-ku) 早稲田鶴巻町 (新宿区) 57 G2
Waseda University 早稲田大学 57 G2
Waseda Univ. (Literature) 早稲田大学 (文学部) 57 F2
Waseda Univ. (Sci. & Engin.) 早稲田大学 (理工学部) 57 E2
WATARI-UM Museum ワタリウム美術館 28 D5
Waterbus Stations 水上バスのりば (→Sea-bus Terminals)
Western Antique Museum 西洋アンティック美術館 30 A4
Wild Bird Paradise (Yachō-no-Rakuen) 野鳥の楽園 61 H6
Wing Takanawa ウイング高輪 35 E1
World Distribution Center ワールド流通センター 75 E1
World Import Mart ワールドインポートマート 25 G4
World Trade Center Bldg 世界貿易センタービル 13 E2

X
Xinhua News Agency (Shinkasha) 新華社 36 D3

Y
Yachō-no-Rakuen (Wild Bird Paradise) 野鳥の楽園 61 H6
Yaesu 1–2 (Chūō-ku) 八重洲1〜2丁目 (中央区) 58 C5
Yaesu Book Center 八重洲ブックセンター 9 E6
Yaesu Building 八重洲ビル 9 E5
Yaesu Dai Building 八重洲ダイビル 9 E5
Yaesu Mitsui Building 八重洲三井ビル 9 E6
Yaesu Underground Arcade 八重洲地下街 9 E5
Yagai Dai-Ongakudō (Large Open-Air Concert Hall) 野外大音楽堂 10 A3
Yagichō-Watashi 矢切の渡し 53 E1
Yagiri Station 矢切駅 53 G2
Yagochi 1–2 (Edogawa-ku) 谷河内1〜2丁目 (江戸川区) 61 G3
Yaguchi 1–3 (Ōta-ku) 矢口1〜3丁目 (大田区) 76 D1
Yaguchino-Watashi Station 矢口渡駅 77 E1
Yahara 1–6 (Nerima-ku) 谷原1〜6丁目 (練馬区) 47 E2
Yahiro 1–6 (Sumida-ku) 八広1〜6丁目 (墨田区) 51 H6
Yahiro Station 八広駅 52 A6
Yakō Station 矢向駅 76 C4
Yakult (H.O.) ヤクルト (本社) 10 C6

Yakumo 1–5 (Meguro-ku)　八雲1～5丁目 (目黒区)　64 B6
Yamabukichō (Shinjuku-ku)　山吹町 (新宿区)　57 H2
Yamabukichō (Yokohama City)　山吹町 (横浜市)　82 C6
Yamadachō (Yokohama City)　山田町 (横浜市)　82 D6
Yamashitachō (Yokohama City)　山下町 (横浜市)　83 F6
Yamashita Futō　山下ふ頭　83 H4
Yamashita Park　山下公園　83 G4
Yamashita Station　山下駅　63 H2
Yamatane Museum of Art　山種美術館　18 D1
Yamatechō (Yokohama City)　山手町 (横浜市)　83 H6
Yamate Church　山手教会　30 C3
Yamatochō (Itabashi-ku)　大和町 (板橋区)　49 E2
Yamatochō 1–4 (Nakano-ku)　大和町1～4丁目 (中野区)　55 H1
Yamato Life Insurance (H.O.)　大和生命 (本社)　10 B3
Yamato Transport (H.O.)　ヤマト運輸 (本社)　11 G4
Yanagibashi 1–2 (Taitō-ku)　柳橋1～2丁目 (台東区)　59 E3
Yanagihara 1–2 (Adachi-ku)　柳原1～2丁目 (足立区)　51 G3
Yanaka 1–5 (Adachi-ku)　谷中1～5丁目 (足立区)　44 A5
Yanaka 1–7 (Taitō-ku)　谷中1～7丁目 (台東区)　50 C6
Yanaka Cemetery　谷中霊園　50 C6
Yanmar Building　ヤンマービル　9 E5
Yaraichō (Shinjuku-ku)　矢来町 (新宿区)　57 H2
Yarai Noh Theater　矢来能楽堂　57 H2
Yashio　八潮　44 B2
Yashio 1–5 (Shinagawa-ku)　八潮1～5丁目 (品川区)　74 B2
Yashio Park Town　八潮パークタウン　74 B3
Yasukuni-jinja (shrine)　靖国神社　18 C2
Yatsuka Station　谷塚駅　43 F1
Yayoi 1–2 (Bunkyō-ku)　弥生1～2丁目 (文京区)　50 B6
Yayoichō (Itabashi-ku)　弥生町 (板橋区)　48 D2
Yayoichō 1–5 (Yokohama City)　弥生町1～5丁目 (横浜市)　82 C6
Yayoichō 1–6 (Nakano-ku)　弥生町1～6丁目 (中野区)　56 B4
Yazaike Station　谷在家駅　42 C4
Yazaike 1–3 (Adachi-ku)　谷在家1～3丁目 (足立区)　42 C4
YCAT (Yokohama City Air Terminal)　横浜シティエアターミナル　81 H6
Yebisu　恵比寿　(→Ebisu)
YMCA　21 F6
Yochōmachi (Shinjuku-ku)　余丁町 (新宿区)　57 F3
Yōga 1–4 (Setagaya-ku)　用賀1～4丁目 (世田谷区)　63 G5
Yōga Station　用賀駅　63 G6
Yokoami 1–2 (Sumida-ku)　横網1～2丁目 (墨田区)　59 E3
Yokohama Archives of History　横浜開港資料館　83 (F4 ②)
Yokohama Bank (Bank of Yokohama／H.O.)　横浜銀行 (本店)　82 C2
Yokohama Bay Bridge　横浜ベイブリッジ　80 B5
Yokohama Central Post Office　横浜中央郵便局　81 G6
Yokohama City (Kanagawa-ken)　横浜市 (神奈川県)　81 82 83
Yokohama City Air Terminal (YCAT)　横浜シティエアターミナル　81 H6
Yokohama City Office　横浜市役所　83 E5
Yokohama City Port Opening Meml Hall　横浜市開港記念会館　83 (E4 ①)
Yokohama Common Gov't Bldg No. 2　横浜第二合同庁舎　83 E3
Yokohama Cosmo World　よこはまコスモワールド　82 D2
Yokohama Customhouse　横浜税関　83 F4
Yokohama Doll Museum　横浜人形の家　83 H5
Yokohama Guesthouse　横浜迎賓館　82 B5
Yokohama Int'l Passenger Terminal　横浜港大さん橋国際旅客ターミナル　83 G4

Yokohama Int'l Stadium (Int'l Stadium Yokohama)　横浜国際総合競技場　80 A3
Yokohama Jackmall　横浜ジャックモール　82 C1
Yokohama Kōen　横浜公園　83 E5
Yokohama Kokusai Heiwa Kaigijō (Pacifico Yokohama)　パシフィコ横浜 (横浜国際平和会議場)　83 E1
Yokohama Landmark Plaza　横浜ランドマークプラザ　82 C2
Yokohama Maritime Museum　横浜マリタイムミュージアム　82 D3
Yokohama Media and Communications Center　横浜情報文化センター　83 F5
Yokohama Media Tower　横浜メディアタワー　82 C1
Yokohama Museum of Art　横浜美術館　82 C2
Yokohama Noh Theater　横浜能楽堂　82 C2
Yokohama Port Post Office　横浜港郵便局　83 F4
Yokohama Rubber (H.O.)　横浜ゴム (本社)　12 B4
Yokohama Stadium　横浜スタジアム　83 E5
Yokohama Station　横浜駅　81 G5
Yokohama ST Building　横浜STビル　81 F4
Yokohama World Porters　横浜ワールドポーターズ　83 E2
Yokohama YMCA　横浜YMCA　83 E5
Yokokawa 1–5 (Sumida-ku)　横川1～5丁目 (墨田区)　59 G2
Yokosuka Central Park　横須賀中央公園　84 D1
Yokosuka Chūō Station　横須賀中央駅　84 C2
Yokosuka City (Kanagawa-ken)　横須賀市 (神奈川県)　84
Yokosuka City Office　横須賀市役所　84 B1
Yokosuka Navy Base　米海軍横須賀基地　84 A3
Yokosuka Post Office　横須賀郵便局　84 B2
Yokota Air Base　米空軍横田基地　84 A4
Yokoteramachi (Shinjuku-ku)　横寺町 (新宿区)　57 H2
Yokoyama Taikan Kinenkan (Taikan Yokoyama Meml Hall)　横山大観記念館　22 A4
Yomiuri Kaikan (hall)　読売会館　10 D1
Yomiuri Newspapers　読売新聞　8 C2
Yonbanchō (Chiyoda-ku)　四番町 (千代田区)　19 E3
Yoshida Hōchiku Kinenkan (Hōchiku Yoshida Meml Hall)　吉田苞竹記念館　14 C2
Yoshidamachi (Yokohama City)　吉田町 (横浜市)　82 D5
Yoshihamachō (Yokohama City)　吉浜町 (横浜市)　83 F6
Yoshiike (Dept Store)　吉池　22 B6
Yotsuba 1–2 (Itabashi-ku)　四葉1～2丁目 (板橋区)　39 H5
Yotsugi 1–5 (Katsushika-ku)　四つ木1～5丁目 (葛飾区)　52 A4
Yotsugi-bashi (bridge)　四ツ木橋　51 H5
Yotsugi Station　四ツ木駅　52 A5
Yotsuya 1–4 (Shinjuku-ku)　四谷1～4丁目 (新宿区)　57 F4
Yotsuya Post Office　四谷郵便局　57 G5
Yotsuya-Sanchōme Station (subway)　四谷三丁目駅 (地下鉄)　57 G4
Yotsuya Station　四ツ谷駅　19 F6
Yoyogi 1–5 (Shibuya-ku)　代々木1～5丁目 (渋谷区)　56 D5
Yoyogi-Hachiman Station　代々木八幡駅　56 D6
Yoyogi-Kamizonochō (Shibuya-ku)　代々木神園町 (渋谷区)　28 A2
Yoyogi-Kōen Station (subway)　代々木公園駅 (地下鉄)　56 D6
Yoyogi Park　代々木公園　56 D6
Yoyogi Post Office　代々木郵便局　56 C5
Yoyogi Station　代々木駅　27 F6
Yoyogi-Uehara Station　代々木上原駅　56 C6
Yukigaya-Ōtsukamachi (Ōta-ku)　雪谷大塚町 (大田区)　72 C3
Yukigaya-Ōtsuka Station　雪が谷大塚駅　72 C3
Yukijirushi Nyūgyō (Snow Brand Milk／H.O.)　雪印乳業 (本社)　19 E6

Yumemigasaki Park 夢見ヶ崎公園 76 B2
Yumenoshima (Kōtō-ku) 夢の島 (江東区) 68 A3
Yumenoshima Marina 夢の島マリーナ 67 H2
Yumenoshima Park 夢の島公園 67 H3
Yumenoshima Tropical Greenhouse Dome 夢の島熱帯植物館
    67 H2
Yūrakuchō 1–2 (Chiyoda-ku) 有楽町1〜2丁目 (千代田区) 58 B6
Yūrakuchō Building 有楽町ビル 10 D1
Yūrakuchō International Arcade 有楽町インターナショナルアーケード
    10 C3
Yūrakuza 有楽座 10 D2
Yūrakuchō Mullion 有楽町マリオン 10 D2
Yūrakuchō Station 有楽町駅 10 D2
Yūrakuchō Itocia 有楽町イトシア 11 E2
Yūsen Building 郵船ビル 8 C4
Yushima 1–4 (Bunkyō-ku) 湯島1〜4丁目 (文京区) 58 C2
Yushima Confucian Shrine (Yushima Seidō) 湯島聖堂 21 F2
Yushima Station (subway) 湯島駅 (地下鉄) 22 A6
Yushima-Tenjin (shrine) 湯島天神 (神社) 58 C2
Yutakachō 1–6 (Shinagawa-ku) 豊町1〜6丁目 (品川区) 73 G2
Yūten-ji (temple) 祐天寺 65 E4
Yūtenji 1–2 (Meguro-ku) 祐天寺1〜2丁目 (目黒区) 64 D4
Yūtenji Station 祐天寺駅 64 D4
YWCA 21 E3
YWCA Sadohara Center YWCA砂土原センター 18 B4

Z
Zaimushō (Ministry of Finance) 財務省 17 F4
Zaimushō Insatsukyoku (Printing Bureau) 国立印刷局 17 E6
Zaimushō Insatsukyoku Kinenkan (Meml Musm of the Printing
    Bureau) 国立印刷局記念館 18 C6
Zama City (Kanagawa-ken) 座間市 (神奈川県) 84
Zama City Office 座間市役所 84 D4
Zendentsū Kaikan (hall) 全電通会館 21 F4
Zenkyōren Building 全共連ビル 19 H3
Zenpuku-ji (temple) 善福寺 15 G5
Zenpukuji 1–4 (Suginami-ku) 善福寺1〜4丁目 (杉並区) 54 C1
Zenpukujigawa Park 善福寺川公園 55 F4
Zenpukuji Park 善福寺公園 54 C1
Zenrōsai Kaikan (hall) 全労済会館 26 D5
Zōjō-ji (temple) 増上寺 12 D5
Zōshigaya 1–3 (Toshima-ku) 雑司が谷1〜3丁目 (豊島区) 49 G6
Zōshigaya Cemetery 雑司が谷霊園 49 G6
Zōshigaya Station 雑司ヶ谷駅 49 F6
Zōshigaya Station (subway) 雑司が谷駅 (地下鉄) 49 F6
Zōshiki Station 雑色駅 77 F2

Hotels and Inns　ホテル・旅館

A

Akasaka Excel H Tōkyū　赤坂エクセルホテル東急　3580-2311　16　C2
Akasaka Yōkō　赤坂陽光　3586-4050　16　A6
Akihabara Washington　秋葉原ワシントン　3255-3311　21　H4
ANA Inter Continental　ANAインターコンチネンタル　3505-1111　14　A2
Arcadia Ichigaya　アルカディア市ヶ谷　3261-9921　18　D3
Arimax H Shibuya　アリマックスホテル渋谷　5454-1122　30　A2
Asakusa View　浅草ビュー　3847-1111　23　F1
Asia Center of Japan (Asia Kaikan)　アジア会館　3402-6111　57　G6
Atagoyama Tōkyū Inn　新橋愛宕山東急イン　3431-0109　12　A5
Azur Takeshiba　アジュール竹芝　3437-2011　66　B2

B

B and G　ビィアンドジィ　3630-2711　59　(E5)
Breezebay　ブリーズベイ　(045) 253-5555　82　C4

C

Center H Tokyo　センターホテル東京　3667-2711　9　G5
Central (Kanda)　セントラル (神田)　3256-6251　21　G6
Central (Yokosuka)　セントラル (横須賀)　(0468) 27-1111　84　C2
Central H Tokyo　セントラルホテル東京　3354-6611　27　F3
Century Hyatt Tokyo　センチュリーハイアット東京　3349-0111　26　B3
Century Southern Tower　小田急ホテルセンチュリーサザンタワー　5354-0111　27　E5
Cerulean Tower Tōkyū　セルリアンタワー東急　3476-3000　30　C6
Chisan H Hamamatsuchō　チサンホテル浜松町　3452-6511　13　G3
Chisan H Tokyo　チサンホテル東京　3785-3211　73　(F2)
Com's　ホテルコムズ　3572-4131　10　C5
Continental Yokohama　コンチネンタル横浜　(045) 681-4111　83　F5
Co-op Inn Shibuya　コープイン渋谷　3486-6600　30　D1
Cosmo Yokohama　コスモ横浜　(045) 314-3111　81　E5

D

Dai-Ichi H Hikarigaoka　第一ホテル光が丘　5372-4411　47　F2
Dai-Ichi H Tokyo　第一ホテル東京　3501-4411　10　B5
Dai-Ichi H Tokyo Seafort　第一ホテル東京シーフォート　5460-4411　37　G1
Dai-Ichi Inn Ikebukuro　第一イン池袋　3986-1221　24　D3
Diamond　ダイヤモンド　3263-2211　19　F2
Disney Ambassador　ディズニーアンバサダー　047-305-1111　69　F5

E

East 21 Tokyo　イースト21東京　5683-5683　59　G6

F

Floracion Aoyama　フロラシオン青山　3403-1541　65　(F1)
Four Seasons H Chinzansō Tokyo　フォーシーズンズホテル椿山荘東京　3943-2222　57　G1

G

Gimmond Tokyo　ギンモンド東京　3666-4111　9　H1
Ginza Capital　銀座キャピタル　3543-8211　11　H4
Ginza Daiei　銀座ダイエー　3545-1111　11　G4
Ginza International　銀座国際　3574-1121　10　C5
Ginza Nikkō　銀座日航　3571-4911　10　C5

Ginza Tōbu　銀座東武　3546-0111　11　E5
Grand Central　グランドセントラル　3256-3211　21　F6
Grand City　グランドシティ　3984-5121　25　F3
Grand Hill Ichigaya　グランドヒル市ヶ谷　3268-0111　18　D5
Grand Hyatt Tokyo　グランドハイアット東京　4333-1234　14　D6
Grand Pacific Meridien (Meridien Grand Pacific Tokyo)　グランパシフィックメリディアン　5500-6711　66　C6
Grand Palace　グランドパレス　3264-1111　20　A4
Grand Prince H. Akasaka　グランドプリンスホテル赤坂　3234-1111　16　C1
Grand Prince H. New Takanawa　グランドプリンスホテル新高輪　3442-1111　34　D2
Grand Prince H. Takanwa　グランドプリンスホテル高輪　3447-1111　34　D2
Green Hotel　東京グリーンホテル　(→Tokyo Green Hotel)

H

Hakozaki Terminal　箱崎ターミナル　3808-2222　59　(E5)
Haneda Tōkyū　羽田東急　3747-0311　78　B3
Harumi Grand　晴海グランド　3533-7111　66　D2
Hillport　ヒルポート　3462-5171　30　C6
Hilltop　山の上　3293-2311　20　D3
Hilton Tokyo　ヒルトン東京　3344-5111　26　B3
Hilton Tokyo Bay　ヒルトン東京ベイ　(047) 355-5000　68　D5
Holiday Inn Yokohama　ホリデイ・イン横浜　(045) 681-3311　83　G5

I

Ibis　アイビス　3403-4411　14　C6
Ikebukuro Center City　池袋センターシティ　3985-1311　24　C1
Ikebukuro H Theatre　池袋ホテルテアトル　3988-2251　25　E4
Ikebukuro Royal　池袋ロイヤル　5396-0333　24　C2
Imperial　帝国　3504-1111　10　B3
Inter Continental Tokyo Bay　インターコンチネンタル東京ベイ　5404-2222　13　F1

J

JAL City Tamachi Tokyo　JALシティ田町東京　5444-0202　66　(A4)

K

Kadoya　かどや　3346-2561　26　D3
Kaiyō　海洋　3368-1121　56　(D2)
Kanagawa Youth Hostel　神奈川ユースホステル　(045) 241-6503　82　C3
Kawasaki Grand　川崎グランド　(044) 244-2111　81　H2
Kawasaki H Park　川崎ホテルパーク　(044) 211-5885　81　H1
Kawasaki Nikkō　川崎日航　(044) 244-5941　81　E2
Kayabachō Pearl　茅場町パール　3553-8080　58　(D5)
Kazusaya　かずさや　3241-1045　9　G1
Keihin　京品　3449-5711　35　E1
Keiō Plaza　京王プラザ　3344-0111　26　C3
Kichijōji Dai-Ichi　吉祥寺第一　(0422) 21-4411　54　(B2)
Kichijōji Tōkyū Inn　吉祥寺東急イン　(0422) 47-0109　54　(B2)
Kikuya Ryokan　喜久屋旅館　3841-4051　23　E2
Kinuya　きぬや　3833-1911　22　B5
Kizankan　機山館　3812-1211　58　(B2)
KSP　(044) 819-2211　71　F3

Kudan Kaikan 九段会館 3261-5521 20 A5

L

Laforet Tokyo ラフォーレ東京 5488-3911 35 H1
Lungwood ラングウッド 3803-1234 50 (C6)

M

Mandarin Oriental Tokyo マンダリンオリエンタル東京 3270-8800
　9 F2
MaRRoad Inn Akasaka マロウドイン赤坂 3585-7611 16 A6
Marunouchi 丸ノ内 3217-1111 8 D3
Mates メイツ 3443-4161 34 B3
Meguro Gajōen 目黒雅叙園 5434-3837 65 F5
Meridien Grand Pacific Tokyo グランパシフィックメリディアン
　5500-6711 66 C6
Meridien Pacific Tokyo パシフィック東京 3445-6711 35 E1
Metropolitan メトロポリタン 3980-1111 24 C5
Metropolitan Edmont メトロポリタンエドモント 3237-1111 20
　A2
Metropolitan Marunouchi メトロポリタン丸の内 3211-2233 9 E3
Mets Kawasaki メッツ川崎 (044) 540-1100 81 E1
MiraCosta ミラコスタ (047) 305-2222 69 F5
Mitsui Garden H Kamata 三井ガーデンホテル蒲田 5710-1131
　77 (G1)

N

New Central ニューセントラル 3256-2171 21 G5
New Grand ニューグランド (045) 681-1841 83 G5
New Hankyu Tokyo 東京新阪急ホテル 5550-5700 66 D1
New Izu ニュー伊豆 3831-8666 22 D5
New Meguro ニューメグロ 3719-8121 64 (D5)
New Ōtani ニューオータニ 3265-1111 19 H5
New Ōtani Inn Tokyo ニューオータニイン東京 3779-9111 35 H4
New Ōtani Inn Yokohama ニューオータニイン横浜 045-252-1311
　82 B6
New Sannō ニューサンノー 3440-7871 33 H2
New Washington ニューワシントン 3460-1701 30 A1
New Yokosuka ニューヨコスカ (0468) 20-1111 84 B2
Nikkō Tokyo 日航東京 5500-5500 66 C5

O

Odakyu Century Southern Tower 小田急ホテルセンチュリーサザ
　ンタワー 5354-0111 27 E5
Ōedo オーエド 3971-0288 24 C1
Ōkura オークラ 3582-0111 14 A1
Ōkura Tokyo Bay オークラ東京ベイ (047) 355-3333 69 E6
Ōmori Tōkyū Inn 大森東急イン 3768-0109 73 (H4)
Ours Inn Hankyū アワーズイン阪急 3775-6121 73 (H2)

P

Pacific Meridien Tokyo パシフィックメリディアン東京
　3445-6711 35 E1
Palace パレス 3211-5211 8 B3
Pan Pacific H Yokohama パンパシフィックホテル横浜
　(045) 682-2222 82 D1
Park Hyatt Tokyo パークハイアット東京 5322-1234 26 B5
Park Lane Nishi-Kasai パークレーン西葛西 3675-8900 68 (C1)
Park Side パークサイド 3836-5711 22 A5
President H Aoyama プレジデント青山 3497-0111 29 H5

R

Rich Yokohama リッチ横浜 (045) 312-2111 81 F4
Rihga Royal H Tokyo リーガロイヤルホテル東京 5285-1121
　57 G1
Rose Garden Shinjuku ローズガーデン新宿 3360-1533 26 C1
Royal Oak Gotanda ロイヤルオーク五反田 3492-5111 35 G6
Royal Park ロイヤルパーク 3667-1111 59 (E5)
Royal Park Shiodome Tower ロイヤルパーク汐留タワー
　6253-1111 12 A1
Ryōgoku Pearl 両国パール 3625-8080 59 (E3)
Ryōgoku River 両国リバー 3634-1711 59 (E3)
Ryokan Katsutarō 旅館勝太郎 3821-9808 22 A2
Ryokan Sansuisō 旅館山水荘 3441-7475 35 G5
Ryokan Shigetsu 旅館浅草指月 3843-2345 23 G3
Ryokan Toki 旅館都貴 3657-1747 53 E6

S

Sakura Ryokan 桜旅館 3876-8118 51 (E6)
Satō Tokyo サトー東京 3815-1133 20 B1
Sawanoya Ryokan 澤の屋旅館 3822-2251 50 (C6)
Seaside Edogawa シーサイド江戸川 3804-1180 68 C3
Seiyō Ginza 西洋銀座 3535-1111 11 G2
Shampia H Akasaka シャンピアホテル赤坂 3586-0811 16 A5
Sheraton Grande Tokyo Bay シェラトングランデ トーキョーベイ
　(047) 355-5555 69 E6
Sheraton Miyako H. Tokyo シェラトン都ホテル東京 3447-3111
　34 A3
Sheraton Yokohama Bay (Yokohama Bay Sheraton H & Towers)
　横浜ベイシェラトンホテル＆タワーズ (045) 411-1111 81 F4
Shiba Park 芝パーク 3433-4141 12 D4
Shibuya Creston 渋谷クレストン 3481-5800 30 A2
Shibuya Excel H Tōkyū 渋谷エクセルホテル東急 5457-0109 30 C5
Shibuya Tōbu 渋谷東武 3476-0111 30 B2
Shibuya Tōkyū Inn 渋谷東急イン 3498-0109 30 D4
Shimbashi Atagoyama Tokyu Inn 新橋愛宕山東急イン
　3431-0109 12 A5
Shinagawa Prince 品川プリンス 3440-1111 35 E1
Shinjuku New City 新宿ニューシティ 3375-6511 26 A4
Shinjuku Park 新宿パーク 3356-0241 27 F5
Shinjuku Prince 新宿プリンス 3205-1111 27 E1
Shinjuku Sunpark 新宿サンパーク 3362-7101 57 (E2)
Shinjuku Washington 新宿ワシントン 3343-3111 26 C5
Shin-Nakano Lodge 新中野ロッヂ 3381-4886 56 (B3)
Shin-Takanawa Prince (New Takanawa Prince) 新高輪プリンス
　3442-1111 34 D2
Shin-Urayasu Oriental 新浦安オリエンタル (047) 350-8111 69 H2
Star H Tokyo スターホテル東京 3361-1111 27 E2
Star H Yokohama スターホテル横浜 (045) 651-3111 83 G5
Star Plaza Ikebukuro スタープラザ池袋 3590-0005 24 C2
Suidobashi Grand 水道橋グランド 3816-2101 58 (B2)
Suigetsu H Ōgaisō 水月ホテル鴎外荘 3822-4611 22 A4
Sun H Shimbashi サンホテル新橋 3591-3351 12 A3
Sun Lite Shinjuku サンライト新宿 3356-0391 27 H2
Sunroute Asakusa サンルート浅草 3847-1511 23 F4
Sunroute Den'en Takatsu サンルート田園高津 (044) 814-3122 71 E2
Sunroute Ikebukuro サンルート池袋 3980-1911 25 E3
Sunroute Plaza Tokyo サンルートプラザ東京 (047) 355-1111 68 D5
Sunroute Tokyo サンルート東京 3375-3211 27 E5
Sunshine City Prince サンシャインシティプリンス 3988-1111 25 G4

T

Taishō Central 大正セントラル 3232-0101 57 (E1)
Takanawa Keikyū 高輪京急 3443-1211 35 E1
Takanawa Tōbu 高輪東武 3447-0111 35 E2
Teikoku (Imperial) 帝国 3504-1111 10 B3
The H Yokohama ザ・ホテルヨコハマ (045) 662-1321 83 G5
The Prince Sakura Tower ザ・プリンスさくらタワー 5798-1111
  34 D2
The Ritz-Carlton Tokyo ザ・リッツ・カールトン東京 3423-8000
  14 B6
Tōganeya 東金屋 3834-1601 22 C5
Tōkō 東興 3494-1050 35 F6
Tokyo Bay Ariake Washington 東京ベイ有明ワシントン
  5564-0111 67 E5
Tokyo Bay H Tōkyū 東京ベイホテル東急 (047) 355-2411 68 D5
Tokyo Business 東京ビジネス 3356-4605 27 H2
Tokyo City 東京シティー 3270-7671 9 G2
Tokyo Dome 東京ドーム 5805-2111 20 B1
Tokyo Garden Palace 東京ガーデンパレス 3813-6211 21 E1
Tokyo Grand 東京グランド 3456-2222 13 F4
Tokyo Green H Kōrakuen 東京グリーンホテル後楽園 3816-4161
  20 A1
Tokyo Green H Ochanomizu 東京グリーンホテル御茶ノ水
  3255-4161 21 F4
Tokyo Green H Suidōbashi 東京グリーンホテル水道橋 3295-4161
  20 C2
Tokyo Green Palace 東京グリーンパレス 5210-4600 19 F4
Tokyo H Urashima 東京ホテル浦島 3533-3111 66 D2
Tokyo Int'l Youth Hostel 東京国際ユースホステル 3235-1107
  18 (A1)
Tokyo Marriott H Kinshichō Tōbu 東京マリオットホテル錦糸町東武
  5611-5511 37 E4
Tokyo Ochanomizu H Juraku 東京お茶の水ホテル聚楽 3251-7222
  21 F3
Tokyo Prince 東京プリンス 3432-1111 12 C5
Tokyo Shin-Hankyū (New Hankyū Tokyo) 東京新阪急
  5550-5700 66 D1
Tokyo Station 東京ステーション 3231-2511 8 D5
Tokyo Sunny Side 東京サニーサイド 3649-1221 59 (G6)
Tokyo YMCA 東京YMCA 3293-1911 21 F6
Tōkyo Zennikkū (ANA H Tokyo) 東京全日空 3505-1111 14 A2
Toranomon Pastoral 虎ノ門パストラル 3432-7261 14 B1
Toshi Center 都市センター 3265-8211 19 H3

Tōwa Asakusa トーワ浅草 3843-0108 23 F5
Tōyō 東陽 3615-1041 67 (G1)
Tōyōchō Vista 東陽町ビスタ 3699-0333 59 (G6)
Tōyoko Inn Asakusa Komagata 東横イン浅草駒形 3841-1045
  23 F5

U

Ueno Terminal 上野ターミナル 3831-1110 22 D5
Universe ユニバース日本橋茅場町 3668-7711 9 H5
U-Port ゆうぽうと 3490-5111 35 H6
Urayasu Brighton 浦安ブライトン (047) 355-7777 69 H3

V

Villa Fontaine Nihombashi ヴィラフォンテーヌ日本橋
  3242-3370 9 H1

W

Westin Tokyo ウエスティンホテル東京 5423-7000 36 C3

Y

Yaesu Fujiya 八重洲富士屋 3273-2111 8 D6
Yamanoue (Hilltop) 山の上 3293-2311 20 D3
YMCA (Tokyo YMCA) 東京YMCA 3293-1911 21 F6
YMCA Asia Youth Center YMCAアジア青年センター 3233-0631
  20 C3
Yokohama, The H ザ・ホテルヨコハマ (045) 662-1321 83 G5
Yokohama Bay Sheraton H & Towers 横浜ベイシェラトンホテル&
  タワーズ (045) 411-1111 81 F4
Yokohama Garden 横浜ガーデン (045) 641-1311 83 E6
Yokohama Grand Inter Continental 横浜グランドインターコンチ
  ネンタル (045) 223-2222 83 E1
Yokohama Isezakichō Washington 横浜伊勢佐木町ワシントン
  (045) 243-7111 82 D6
Yokohama Kaiyō-tei 横浜開洋亭 (045) 243-1122 82 B3
Yokohama Kokusai 横浜国際 (045) 311-1311 81 E5
Yokohama Mandarin 横浜マンダリン 045-243-3131 82 B4
Yokohama Plaza ヨコハマプラザ (045) 461-1771 81 H6
Yokohama Royal Park 横浜ロイヤルパーク (045) 221-1111 82 C2
Yokohoma Sakuragichō Washington 横浜桜木町ワシントン
  045-683-3111 82 D3
Yokohama Tōkyū 横浜東急 (045) 311-1682 81 G4
Yokosuka Prince 横須賀プリンス (0468) 21-1111 84 B3

Embassies 外国公館

A

Afghanistan アフガニスタン 5465-1219 56 C6
Algeria アルジェリア 3711-2661 36 A4
Argentina アルゼンチン 5420-7101 15 G6
Australia オーストラリア 5232-4111 15 G3
Austria オーストリア 3451-8281 15 F5

B

Bangladesh バングラデシュ 5704-0216 65 E5
Belarus ベラルーシ 3448-1623 34 A5
Belgium ベルギー 3262-0191 19 F4
Belize ベリーズ 3400-9106 32 (B3)
Benin ベナン 3500-3461 16 D2
Bolivia ボリビア 3499-5441 32 (B3)
Bosnia and Herzegovina ボスニア・ヘルツェゴビナ 3556-4151
  19 F4
Botswana ボツワナ 5440-5676 13 H4
Brazil ブラジル 3404-5211 28 D5
Brunei Darussalam ブルネイ 3447-7997 35 F2
Bulgaria ブルガリア 3465-1021 56 D6
Burkina Faso ブルキナファソ 3400-7919 31 H6

C

Cambodia カンボジア 5412-8521 57 H6
Cameroon カメルーン 5430-4985 64 B5
Canada カナダ 5412-6200 57 G6
Chile チリ 3452-7561 15 F1
China 中華人民共和国 3403-3388 32 D1
Colombia コロンビア 3440-6451 65 G5
Congo (D.R.) コンゴ民主共和国 5820-1581
Costa Rica コスタリカ 3486-1812 32 (B3)
Côte d'Ivoire コートジボワール 5454-1401 64 C1
Croatia クロアチア 5469-3014 32 D6
Cuba キューバ 5570-3182 15 F1
Czech Republic チェコ 3400-8122 33 F6

D

Delegation of the European Commission 欧州委員会代表部
  3239-0441 19 E2
Denmark デンマーク 3496-3001 65 E3
Djibouti ジブチ 5704-0682 65 E5
Dominican Rep. ドミニカ 3499-6020 32 (B3)

E

Ecuador エクアドル 3499-2800 32 (B3)
Egypt エジプト 3770-8022 65 E3
El Salvador エルサルバドル 3499-4461 32 (B3)
Eritrea エリトリア 5791-1815 34 A5
Estonia エストニア 5412-7281 28 C4
Ethiopia エチオピア 5420-6860 34 C3

F

Fiji フィジー 3587-2038 14 D2
Finland フィンランド 5447-6000 33 G1
France フランス 5420-8800 33 H2

G

Gabon ガボン 5430-9171
Germany ドイツ連邦共和国 3473-0151 33 G2
Ghana ガーナ 5410-8631 32 A2
Greece ギリシャ 3403-0871 32 C2
Guatemala グアテマラ 3400-1830 32 (B3)
Guinea ギニア 3770-4640 65 E2

H

Haiti ハイチ 3486-7096 32 (B3)
Honduras ホンジュラス 3409-1150 32 (B3)
Hungary ハンガリー 3798-8801 15 H2

I

Iceland アイスランド 3447-1944 35 F2
India インド 3262-2391 58 A3
Indonesia インドネシア 3441-4201 34 D6
Iran イラン 3446-8011 15 H5
Iraq イラク 3423-1727 29 H4
Ireland アイルランド 3263-0695 19 F2
Israel イスラエル 3264-0911 19 F4
Italy イタリア 3453-5291

J

Jamaica ジャマイカ 3435-1861 12 A5
Jordan ヨルダン 3580-5856 16 C2

K

Kazakhstan カザフスタン 3791-5279 64 C6
Kenya ケニア 3723-4006 72 B1
Korea (South) 大韓民国 3452-7611 15 G5
Kuwait クウェート 3455-0361 65 H3

L

Laos ラオス 5411-2291 32 C1
Lebanon レバノン 3580-1227 16 C2
Liberia リベリア 5467-0688 32 B4
Libya リビア 3477-0701 65 E3
Lithuania リトアニア 3703-6000 72 A2
Luxembourg ルクセンブルグ 3265-9621 19 E4

M

Madagascar マダガスカル 3446-7252 33 E1
Malawi マラウイ 3449-3010 34 C3
Malaysia マレーシア 3476-3840 64 D2
Mali マリ 3705-3437 64 A6
Marshall Islands マーシャル諸島 5379-1701 29 H1
Mauritania モーリタニア 3449-3810 35 H2
Mexico メキシコ 3581-1131 16 C2
Micronesia ミクロネシア連邦 3585-5456 14 A2
Mongolia モンゴル 3469-2088 64 D1
Morocco モロッコ 3478-3271 28 B3
Mozambique モザンビーク 5419-0973 66 A3
Myanmar ミャンマー 3441-9291 35 H1

N
Nepal ネパール 3705-5558 72 A1
Netherlands オランダ 5401-0411 14 C1
New Zealand ニュージーランド 3467-2271 64 D1
Nicaragua ニカラグア 3499-0400 32 (B3)
Nigeria ナイジェリア 5721-5391 65 E5
Norway ノルウェー 3440-2611 33 E3

O
Oman オマーン 3402-0877 28 C3

P
Pakistan パキスタン 3454-4861 15 G6
Palau パラオ 3354-5500 57 G4
Panama パナマ 3499-3741 32 (B3)
Papua New Guinea パプア・ニューギニア 3454-7801 15 G1
Paraguay パラグアイ 3443-9703 65 G5
Peru ペルー 3406-4243 31 G5
Philippines フィリピン 5562-1600 14 D4
Poland ポーランド 5794-7020 36 A4
Portugal ポルトガル 5212-7322 19 F3

Q
Qatar カタール 5475-0611 33 E1

R
Romania ルーマニア 3479-0311 32 C2
Russia ロシア 3583-4224 14 D2

S
San Marino サンマリノ 5414-7745
Saudi Arabia サウジアラビア 3589-5241 14 C3
Senegal セネガル 3464-8451 65 E3
Serbia & Montenegro セルビア・モンテネグロ 3447-3571 35 H1
Singapore シンガポール 3586-9111 15 E5
Slovakia スロバキア 3400-8122 33 F6

Slovenia スロベニア 5468-6275
South Africa 南アフリカ 3265-3366 16 C1
Spain スペイン 3583-8531 14 B2
Sri Lanka スリランカ 3440-6911 34 A1
Sudan スーダン 3506-7801
Sweden スウェーデン 5562-5050 14 B2
Switzerland スイス 3473-0121 33 E3
Syria シリア 3586-8977 14 A5

T
Tanzania タンザニア 3425-4531 63 F4
Thailand タイ 3447-2247 65 G5
Tunisia チュニジア 3511-6622 18 D1
Turkey トルコ 3470-5131 28 C4

U
U.A.E. アラブ首長国連邦 5489-0804 64 D2
Uganda ウガンダ 5773-0481
Ukraine ウクライナ 5474-9770 32 C2
United Kingdom イギリス 5211-1100 19 F1
Uruguay ウルグアイ 3486-1888 32 (B3)
United States of America アメリカ合衆国 3224-5000 16 D6
Uzbekistan ウズベキスタン 3760-5625 65 E5

V
Vatican City (Apostolic Nunciature) バチカン市国 (ローマ法王庁) 3263-6851 19 E2
Venezuela ベネズエラ 3409-1501 32 (B3)
Viet Nam ヴィエトナム 3466-3311 56 D6

Y
Yemen イエメン 3499-7151 32 (B3)

Z
Zambia ザンビア 3491-0121 65 F6
Zimbabwe ジンバブエ 3280-0331 65 G4

Airlines 航空会社

A

Aeroflot Russian Airlines (SU) アエロフロート・ロシア航空
5532-8701
Air Canada (AC) エア・カナダ 5405-8800
Air China (CA) 中国国際航空 5251-0711
Air France (AF) エールフランス 3475-1511
Air India (AI) エア・インディア 3508-0261
Air New Zealand (NZ) ニュージーランド航空 5521-2727
Air Nippon (EL) エアーニッポン 0120-029-003
Air Niugini (PX) ニューギニア航空 5216-3555
Air Pacific (FJ) エア・パシフィック 5208-5171
Alitalia (AZ) アリタリア航空 5166-9111
All Nippon Airways (NH) 全日本空輸 0120-029-333
American Airlines (AA) アメリカン航空 3214-2111
Asiana Airlines (OZ) アシアナ航空 3582-6600
Australian Airlines (AC) オーストラリア航空 5510-7070
Austrian Airlines (OS) オーストリア航空 5222-5454

B

Biman Bangladesh Airlines (BG) ビーマン・バングラデシュ航空
3502-7922
British Airways (BA) ブリティッシュ・エアウェイズ 3593-8811

C

Cathay Pacific Airways (CX) キャセイパシフィック航空 5159-1700
China Airlines (CI) チャイナエアライン (台湾) 5520-0333
China Eastern Airlines (MU) 中国東方航空 3506-1166
China Southern Airlines (CZ) 中国南方航空 5157-8011
Continental Airlines (CO) コンチネンタル航空 5464-5050

D

Dalavia Far East Airways Khabarovsk (H8) ダリアビア航空 3431-0687
Delta Air Lines (DL) デルタ航空 3593-6666
Dragonair (KA) 香港ドラゴン航空 6202-0066

E

Egypt air (MS) エジプト航空 3211-4521
Emirates (EK) エミレーツ航空 3593-6720
EVA Airways (BR) エバー航空 3491-5182

F

Finnair (AY) フィンランド航空 0120-700915

G

Garuda Indonesia (GA) ガルーダ・インドネシア航空 3240-6161

I

Iran Air (IR) イラン航空 3586-2101

J

Japan Airlines (JL) 日本航空 0120-255-931
Japan Asia Airways (EG) 日本アジア航空 0120-747-801

K

KLM Royal Dutch Airlines (KL) KLMオランダ航空 0120-468215
Korean Air (KE) 大韓航空 0088-21-2001

L

Lufthansa German Airlines (LH) ルフトハンザ・ドイツ航空
0120-051-844

M

Malaysia Airlines (MH) マレーシア航空 3503-5961
MIAT-Mongolian Airlines (OM) ミアットモンゴル航空
3237-1852

N

Northwest Airlines (NW) ノースウエスト航空 0120-120747

P

Pakistan International Airlines (PK) パキスタン航空 3216-6511
Philippine Airlines (PR) フィリピン航空 3593-2421

Q

Qantas Airways Limited (QF) カンタス航空 3593-7000
Qatar Airways (QR) カタール航空 5501-3771

R

Royal Nepal Airlines (RA) ロイヤルネパール航空 3369-3317

S

Scandinavian Airlines System (SK) スカンジナビア航空 5400-2331
Singapore Airlines (SQ) シンガポール航空 3213-3431
Srilankan Airlines Limited (UL) スリランカ航空 3431-6600
Swiss Int'l Air Lines (LX) スイスインターナショナルエアラインズ
0120-667788

T

Thai Airways International (TG) タイ国際航空 3503-3311
Turkish Airlines (TK) トルコ航空 5251-1551

U

United Airlines (UA) ユナイテッド航空 0120-11-4466
Uzbekistan Airways (HY) ウズベキスタン航空 5157-0722

V

Varig Brazilian Airlines (RG) ヴァリグ・ブラジル航空 5408-6711
Vietnam Airlines (VN) ベトナム航空 3508-1481
Virgin Atlantic Airways (VS) ヴァージンアトランティック航空
3499-8811
Vladivostok Air (XF) ウラジオストック航空 3431-2788